MONTESSORÍzate

A Miguel, gracias por ayudarme a vivir mis sueños.
Beatriz

Gracias a mis pequeños grandes maestros:
Eudald, Heura, Lluc y Teia, y a Oriol por andar este camino-vida junto a mí.
Nitdia

Papel certificado por el Forest Stewardship Council®

Primera edición: septiembre de 2019

© 2019, Beatriz M. Muñoz y Nitdia Aznárez, por los textos y las fotografías
Autoras representadas por IMC Agencia Literaria
© 2019, Penguin Random House Grupo Editorial, S.A.U.
Travessera de Gràcia, 47-49. 08021 Barcelona

Printed in Spain – Impreso en España

Diseño: Meritxell Mateu / Penguin Random House Grupo Editorial

ISBN: 978-84-17338-65-7
Depósito legal: B-10.683-2019

Maquetación: Roser Colomer
Impreso en Gómez Aparicio, S. A.
Casarrubuelos, Madrid

DO 3 8 6 5 7

Penguin
Random House
Grupo Editorial

BEATRIZ M. MUÑOZ Y NITDIA AZNÁREZ

MONTESSORÍzate

Libro de actividades
para disfrutar y conectar en familia

Grijalbo

ÍNDICE

INTRODUCCIÓN 6

**LOS CUATRO PLANOS
DEL DESARROLLO** 10

1. VIDA PRÁCTICA

Hacer trasvases 16
Cortar frutas: macedonia 18
Huerto aromático 20
Ensartar: hacer pulseras 22
Arreglo floral 25
Modelar: fabricar icnitas 26
Aprender a coser 28
Tejer con los dedos 30
Comedero para pájaros 32

2. SENSORIAL

Formas básicas 38
La bolsa misteriosa 39
Fabricar un arcoíris 40
Móvil arcoíris 42
Disco de Newton 44
Juego del silencio en la naturaleza 46
Cilindros de olores 47
Cilindros sonoros 48
Goteros de sabores 49

3. LENGUAJE

Resaques 56
Recortar con tijeras + collage 58
Letras rugosas 60
Libro de sonidos 62
Música Montessori, otro lenguaje 64
Alfabeto móvil 65
Tarjetas tres partes 66
Primeras palabras 68

4. MATEMÁTICAS

Hueveras y nueces 74
Clasificación de tesoros naturales 75
«Listones» Montessori con cuerdas 76
Cifras rugosas 78
Caja de los palitos 79
Libro de números 80
Contadores y numerales 82
Primeras operaciones (piedras) 83
El banco de perlas doradas 84

5. EL PASO DEL TIEMPO

Cuadro de rutinas 90
Calendario perpetuo 91
La celebración de la vida
(cumpleaños Montessori) 92
El tiempo que hace 94
Observar las nubes 95
Diario de la Luna 96
El cielo nocturno 97

6. MUNDO NATURAL

Estados de la materia: la ciencia
del calor y el frío 102
Clasificaciones: flota/se hunde
+ magnético/no magnético 104
¿Cómo funciona una brújula? 106
Cristales y minerales 108
La ciencia del fuego 110
Aves 112
Fabricar un pluviómetro 114
Árboles 115
Naturaleza preservada 116
Hojas: márgenes y venación 119
Hojas: forma y disposición 120
Coleccionar, organizar y clasificar
tesoros naturales. Juego libre 122
Flores 124
Mi lugar en el mundo 126
Los pigmentos de las plantas 128
Animales del mundo 129

7. AIRE LIBRE

Palo de recuerdos 134
Cuaderno de campo 136
Cámara fotográfica: el juego
de replicar 140
Mi árbol 141
Tejer nidos 144
El reto de la caja de cerillas 145
Crear con hielo 146
Pintar con colores y pinceles naturales .. 148
Estampar con hojas y flores 149
Pintar con agua 150
Horno solar 151
Huellas de animales 152
Creaciones con tesoros naturales 153
Estudiar los invertebrados
(fabricar un aspirador) 156
Visor subacuático 158
Lectoescritura en el medio natural ... 159
Instrumentos naturales 160
Hacer lápices 165

CONCLUSIONES 169

RECORTABLES 170

INTRODUCCIÓN

Cuando nos convertimos en madres y padres, nos invade la necesidad de hacer muchas cosas para estimular a nuestros hijos e hijas, buscamos gran cantidad de información y sobre todo dedicamos mucho tiempo a esta tarea. Y en el proceso te das cuenta de que se te está olvidando lo esencial: haces cosas por los niños pero sin los niños. Lo esencial son esos pequeños ojos que buscan a mamá y a papá, esas diminutas manos que quieren participar de lo que les preparas. Esos niños, nuestros niños, querían ser vistos mientras nosotras, las autoras de este libro, pineábamos sin parar actividades de Pinterest, que, más que ayudar, frustraban, agobiaban y nos hacían vivir en la autoexigencia de las altas expectativas.

Tu hijo te necesita a ti, en calma y serenidad, en cuerpo y presencia. Y, si además de eso, os apetece investigar, tienes el libro perfecto en tus manos. Las páginas que vas a leer a continuación se han escrito para ponértelo fácil, para volver a conectar cuando la vida moderna y su ruido han logrado que te «desconexiones». Lo primero es disfrutar y divertirse, después el aprendizaje fluirá de manera natural, porque todo en esta vida es aprendizaje. Relájate y disfruta, huele las flores, escucha los pajarillos, siente la tierra mojada, saborea las recetas que preparéis juntos, tu hijo y tú, y nada más... No hay mayor aprendizaje para un niño que tener cerca un adulto consciente que disfruta este regalo que es la vida.

Consideraciones previas

Montessori es un enfoque pedagógico que se basa, especialmente durante la primera etapa de vida, en el uso de los sentidos en el aprendizaje. Los materiales son manipulativos, precisos y no muy económicos, pero no lo son todo. Montessori es mucho más que sus materiales y en este libro hacemos un acercamiento a su filosofía y a sus principios, ofreciéndote la información necesaria para poder acompañar a tu hijo y proponiéndote actividades para que él sea el protagonista de su propio aprendizaje. Es muy probable que todos los materiales que necesites para llevar a cabo las actividades que te proponemos los tengas ya en casa (materiales artísticos básicos y envases para reciclar) o puedas hallarlos durante un paseo por la naturaleza.

Edades orientativas

Las actividades del libro están pensadas para la etapa comprendida entre los 3 y los 10 años, aunque algunos niños más pequeños pueden estar ya preparados para realizar algunas de ellas. Asimismo las propuestas tienen un carácter impresionista, es decir, ofrecen una idea en la que profundizar, por lo que los niños mayores también podrán disfrutarlas, pues las actividades les servirán de catalizador o punto de partida para adentrarse en el descubrimiento de nuevas posibilidades.

Los principios Montessori

El método Montessori se rige, en la etapa de los 0 a los 6 años, por los siguientes principios:

- El niño aprende desde la libertad, no desde la obligación, por eso debemos tener preparado un ambiente que favorezca la libre elección y la autonomía.
- El adulto debe limitarse a hacer de conexión entre el ambiente y el niño, sin coaccionar, chantajear, amenazar, ni imponer premios, ni castigos, ni juicios, críticas o halagos.
- En el ambiente debe haber material específico que permita que el niño pueda aprender y asimilar todo aquello que desee. Hay que tener en cuenta que los niños de estas edades tienen una mente preparada para aprender e interiorizar a un tiempo.

- El material debe contar con una serie de características:
  - › ha de ser sensorial, manipulativo y vivencial;
  - › debe ser autocorrectivo en su mayor parte (el niño ha de tener el control del error, es decir, ha de poder detectar el error por sí mismo en todo momento con el fin de que no necesite del juicio externo para verificar su trabajo);
  - › debe propiciar el aislamiento de la dificultad (esto es, debe ofrecer un solo reto por vez);
  - › tiene un sentido y un propósito, y debe contener siempre un objetivo directo y otro indirecto; además, ha de ser concreto, para poder permitir pasar de lo material a lo abstracto, de lo conocido a lo desconocido, de las tres dimensiones (volumen) a una única dimensión (imagen en plano).
- El material del ambiente debe permitir maximizar los periodos sensibles (ventanas de oportunidad universales que permiten aprender habilidades concretas sin esfuerzo), que son:
  - › orden y manipulación de objetos pequeños;
  - › lenguaje, oral y escrito;
  - › refinamiento de los sentidos; y refinamiento del movimiento.
- Los materiales en una escuela Montessori no son meros materiales didácticos, sino de desarrollo, muy precisos y específicos. En casa puedes inspirarte en esos mismos materiales para hacer tus propias creaciones. Es posible que, al fabricarlos tú mismo, pierdan en precisión, pero a la vez lograrás una mayor conexión con ellos durante el proceso y, por ende, podrás comprender mejor cómo trabaja el niño.

Maria Montessori quedó atrapada en la India junto con su hijo Mario cuando estalló la Segunda Guerra Mundial. No era la primera contienda que vivía en primera persona, pues conocía las devastadoras consecuencias de la violencia ya que había vivido en España cuando comenzó la guerra civil. Por ello, su método puede entenderse, no solo como una ayuda para la vida, sino como una gran herramienta para la paz.

Mientras estaban en la India, Maria y su hijo Mario trabajaron en el método Montessori, pensado para la etapa de 3 a 6 años, para adaptarlo a los niños de 6 a 12 años, cuyas mentes eran absolutamente distintas. Idearon unas fábulas (relatos sencillos o presentaciones para comprender conceptos muy complejos) que ofrecer a los niños al empezar el curso y cuyo objetivo no es otro que proporcionar herramientas para entender el origen y el funcionamiento del mundo que los rodea. El conjunto de las cinco fábulas, parte de la llamada «educación cósmica», es la manera que ideó Maria para presentar a los niños la ciencia y la cultura de una forma global y no separada en compartimentos estancos. Se les ofrece a los niños de Taller (primaria) cuando están emocionalmente preparados para recibirla, es decir, cuando hayan entrado en el segundo plano de desarrollo.

Por medio de estas cinco grandes lecciones o fábulas se explica a los niños conceptos muy complejos, siguiendo un patrón, el de la «historia». Así, encontramos la historia del universo, la historia de nuestro planeta Tierra, la historia del ser humano y la historia de los dos grandes regalos de la humanidad: los números y la escritura.

Aunque la educación cósmica no se imparte en las escuelas Montessori hasta los 6 años, en las casas de niños (escuelas de 3 a 6 años) podemos encontrar materiales, actividades y experimentos que suponen una pequeña introducción en forma de experimentos dispuestos en bandejas con todo lo necesario para llevarla a cabo. Más adelante encontrarás algunos ejemplos y verás también que hemos introducido pequeñas píldoras de educación cósmica en las introducciones de muchas de las actividades.

> «Siembra en los niños buenas ideas... aunque no las entiendan. Los años se encargarán de descifrarlas en su entendimiento y de hacerlas florecer en su corazón.»
>
> Maria Montessori

Seguir los intereses de los niños

No se trata de que los pequeños sigan las actividades del libro de principio a fin, sino más bien de que dispongan de ideas que puedan poner en práctica si surge el interés. El aburrimiento, el tiempo libre y el asombro son claves también en la experiencia educativa.

Este libro trata también de ofrecerte a ti, como adulto, información e inspiración que puedan ayudarte a facilitar experiencias de aprendizaje cuando el interés de tu hijo se despierte (y no imponiendo tú las actividades).

La concentración

La concentración es uno de los conceptos clave del enfoque Montessori, pues es lo que permite que el niño realice la tarea que realmente necesita hacer. Tu misión como adulto es proteger esa concentración, permitir que discurra sin interrupciones, especialmente las tuyas. Solo deberás ayudar si te lo piden expresamente.

Autonomía y supervisión: el acompañamiento

Un aspecto clave de la metodología Montessori es fomentar la autonomía en el aprendizaje. En este libro te ofrecemos ideas para poner en práctica y te animamos a que sean los niños quienes las lleven a cabo. En ocasiones las harán solos (según la edad del niño y la complejidad de la actividad) y en otras te pedirán ayuda. Ofrecer la ayuda justa y necesaria para que el pequeño pueda progresar sin rescatarle es todo un reto.

Hecho es mejor que perfecto

Todos los grandes logros fueron fracasos en sus inicios (piensa en tu hijo cuando comenzó a andar). Ayúdale a entender que los errores son el motor del aprendizaje. Por favor, no lo corrijas y evita hacer halagos vacíos a su trabajo. En su lugar, practica el aliento: «¿Cómo lograste hacerlo por ti mismo?», «¿Qué colores utilizaste?». Y, sobre todo, confía en las capacidades de tu hijo: es un ser maravilloso.

El valor de la repetición

La mejor forma de aprender algo es repetirlo, por eso no hay nada de malo en cometer errores, pues permiten volver a tener oportunidades para repetir y perfeccionar las acciones. La repetición es muy importante para el enfoque Montessori ya que posibilita integrar y desarrollar conceptos, pero no olvides que siempre debe partir del niño, no del adulto.

El tiempo especial y la cooperación

Estamos seguras de que en situaciones en las que las relaciones padres-hijos se antojan difíciles, gran parte de los problemas se pueden resolver dedicando un tiempo especial para ambos, es la mejor receta para poder volver a disfrutar del respeto mutuo. Deseamos que disfrutéis muchísimo de este libro, que os permita pasar tiempo especial juntos y que os llene de recuerdos memorables.

Género

A lo largo del libro usaremos el género femenino y el género masculino de forma indistinta. No hemos tenido en cuenta si un género está más o menos representado, hemos escrito desde el corazón con la intención de llegar a todas las familias. Esperamos que la tuya también se sienta incluida.

Más recursos

En la **web <www.elmetodomontessori.es>** encontrarás más recursos que podrás consultar, así como un curso gratuito sobre el método que te recomiendo hacer mientras o incluso antes de que tu hijo/a empiece con el libro:

<www.elmetodomontessori.es/libroactividades>.

Los cuatro planos del desarrollo y las tendencias humanas

La doctora Montessori dividió los primeros veinticuatro años de la vida de una persona en cuatro fases, a las que llamó los cuatro planos del desarrollo: infancia, niñez, adolescencia y edad adulta.

Según este planteamiento, el desarrollo del niño no sigue una estructura lineal, sino que en cada uno de los planos las necesidades son distintas. En el primer (de 0 a 6 años) y el tercer plano (de 12 a 18 años), es decir, en la primera infancia y en la adolescencia, se producen muchos y vertiginosos cambios, mientras que la niñez (de 6 a 12) y la edad adulta (de 18 a 24) son épocas más tranquilas y calmadas, en las que la persona asienta los conocimientos de las etapas anteriores. Este libro está orientado a los niños y niñas que se encuentran en los dos primeros planos de desarrollo:

- **Primer plano:** infancia. Este es el plano en el que la mente del niño es absorbente y puede impregnarse de todas las características de su ambiente e interiorizarlas. En esta etapa la doctora Montessori distinguió dos periodos embrionarios: el físico, que transcurre dentro del cuerpo de la madre, y el psíquico, que es exterior y se divide a su vez en dos fases. La primera fase es la etapa del embrión espiritual, en la que todo se asimila de manera inconsciente; y la segunda es la etapa del embrión social, en la que esta información se vuelve consciente para el niño. Es un momento clave en su desarrollo porque va a permitir la adaptación del niño a la familia y, por ende, al grupo cultural al que pertenece. Para Maria Montessori, «el pequeño fuera del cuerpo materno todavía no está separado de él», por eso consideraba especialmente importante la etapa de los 0 a los 3 años de edad, aunque no le dio tiempo a estudiarla tan a fondo como la etapa de los 3 a los 6 años.

- **Segundo plano:** niñez. En este segundo plano del desarrollo, mediante la imaginación y el pensamiento racional, el niño logrará explicarse el mundo que le rodea. Ahora ya no necesita tanto lo concreto, puesto que ha adquirido el pensamiento abstracto, por lo que podemos ofrecerle todo el universo mediante pequeñas fábulas (las grandes lecciones) y materiales de apoyo para que pueda descubrir los misterios de la naturaleza y cuál es nuestro lugar cósmico en el universo. La propuesta de Maria Montessori consiste en una educación integral, la educación cósmica, que es básicamente una visión holística de la educación en la cual todos los estudios están relacionados. La educación cósmica busca con humildad la conexión del ser humano con el resto de los seres del universo. Ahora el niño está preparado emocionalmente, ya que de los 6 a los 12 años tiene una mente razonadora que le permite imaginar —pues ya tiene clara la realidad—, pensar de forma abstracta, adquirir la cultura y, por supuesto, el sentido de la moral.

En todos los planos del desarrollo y durante el resto de la vida de las personas, la filosofía Montessori afirma que hay una serie de «tendencias humanas» o necesidades básicas que permanecen constantes. Estos instintos o impulsos mueven al ser humano a realizar una serie de acciones de manera espontánea e inconsciente, y, en definitiva, han facilitado nuestra supervivencia. Estas tendencias humanas son las siguientes y podrás encontrarlas en todas las propuestas de este libro:

- Tendencias relacionadas con la exploración: orientación, orden, exploración y movimiento.
- Tendencias relacionadas con el trabajo: auto-perfeccionamiento, manipulación, repetición y trabajo.
- Tendencias relacionadas con el funcionamiento de nuestra mente: abstracción, imaginación, conceptualización.
- Tendencias relacionadas con la orientación grupal: comunicación, sentido de pertenencia y significado.
- Tendencias relacionadas con las necesidades espirituales: arte, música, religión.

A lo largo del libro veréis que tenéis numerosos imprimibles extras en la web: <montessorizate.es/extras>.

Necesitaréis la siguiente contraseña: GRACIAS.

1
VIDA PRÁCTICA

«El adulto se convence erróneamente de que es él el que anima al niño con sus cuidados y su ayuda. [...] El gran problema es este: el niño posee una vida psíquica activa aun cuando no pueda manifestarla, porque debe elaborar, durante largo tiempo y en secreto, estas difíciles realizaciones.»

Maria Montessori

El área de vida práctica es esencial en cualquier ambiente Montessori, pues es aquella de la que se vertebran el resto de áreas. En el hogar resulta especialmente necesaria, pues permite al niño desarrollar toda su capacidad de concentración y autonomía, al tiempo que le prepara indirectamente para otras tareas que podríamos denominar «de rango superior», como son la escritura o las matemáticas.

Las actividades de la vida práctica son aquellas que desarrollas durante tu día a día: vestirte, asearte, cocinar, limpiar, relacionarte con la gente…, algo así como la «pedagogía de lo cotidiano». Desde esta área se obtiene una preparación indirecta para otras áreas y, obviamente, una directa para la vida. De hecho, los niños, desde muy pequeños, cuando acuden a una escuela Montessori, realizan este tipo de tareas, a las que dedican la mayor parte de su jornada.

Por eso, en casa es absolutamente necesario que dispongas los espacios de forma que los más pequeños puedan acceder a este tipo de actividades, ya que les dotarán no solo de habilidades y competencias, sino especialmente de un sentido de pertenencia y contribución (ser parte de y poder colaborar), muy necesario para su bienestar emocional.

Estas son las destrezas que se desarrollan gracias a la repetición sistemática de tareas de vida práctica:

Concentración:

Los niños desarrollan su capacidad para concentrarse en una tarea determinada. Por ejemplo, al limpiar una mesa deberán concentrarse de principio a fin, observando ellos mismos el resultado: que no haya ni suciedad ni tampoco jabón o agua sobre
ella. Es posible que las primeras veces, dejen la tarea a medias, pero pronto experimentarán el placer que produce un trabajo terminado.

Capacidad de seguir los pasos de un proceso:

Cuanto más pequeños son los niños, menos pasos deben tener las presentaciones de las actividades y los materiales para que puedan seguirlos sin frustrarse. Las tareas de vida práctica son un ejercicio de entrenamiento estupendo para poder seguir luego secuencias de pasos más complejas.

Transportar, trasvasar, limpiar, recoger:

Desde el punto de vista práctico, los niños necesitan tener superadas una serie de habilidades para poder llevar a cabo los experimentos y actividades que vamos a proponer. Las tareas de vida práctica se centran en estas habilidades (transportar, trasvasar, limpiar y recoger), por lo que, si tu hijo aún no las domina, son las más indicadas para empezar. Después podéis lanzaros a practicar las que os presentamos en el resto de los apartados.

Gracia y cortesía:

Es la forma que desarrolló Maria Montessori para explicar a los niños las costumbres sociales y culturales de su entorno. Lo que para nosotros es una falta de educación puede que en otros países no lo sea (como sorber la sopa en Japón). Es por ello por lo que en el método Montessori creemos en un buen modelaje, es decir, predicamos con el ejemplo. Más que mis palabras, son mis acciones (lo que hago) lo que dejará una huella profunda en los niños.
Dentro de las actividades de gracia y cortesía, puedes trabajar especialmente las siguientes: aprender a observar el trabajo de los demás, esperar un turno, mover una silla o una bandeja, reponer y dejar preparado todo lo que se vaya a necesitar y, por supuesto, hacer pequeños obsequios a los demás (inmateriales o hechos con las manos) para agradecer su compañía.

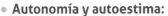

Autonomía y autoestima:

Una de las mayores ventajas de proponer a los niños las actividades de vida práctica es hacerles partícipes del quehacer familiar, que sientan que pertenecen a su familia y a su entorno. De esta forma favorecerás su autonomía y su autoestima, pues, al verse capaces de cuidar de sí mismos, se sentirán orgullosos de ellos mismos, de sus competencias. De nada sirve, por ejemplo, empezar con complicados experimentos si un niño no es capaz de servirse un vaso de agua cuando tiene sed. Por otro lado, estamos modelando el enfoque en soluciones, si se rompe un vaso de cristal o cerámica al caerse al suelo, aprendemos algo muy valioso: cómo controlar mejor nuestro cuerpo y qué hacer cuando un vaso se rompe. Por eso habrás oído que en la metodología Montessori se usan vasos de cristal.

Es importante recalcar que a la hora de realizar estas tareas resulta esencial que ni adultos ni niños se encuentren en un estado de estrés. Es decir, si tienes prisa, no es un buen momento para practicar. **Debes animar a los niños a hacer estas actividades en momentos de calma.**

Tu tarea como padre o madre es la de facilitar un ambiente adecuado, y, aunque en casa es difícil que encontremos todos los materiales que se emplean en las aulas, siempre tendrás la oportunidad de ofrecerles una atmósfera de paz y respeto, más importante si cabe. Para que puedan disfrutar de la oportunidad de practicar, los niños necesitan tiempo, por lo que las prisas serán su peor enemigo.

Por ejemplo, al enseñarle cómo abrocharse los zapatos, lo haremos con su zapato sin que lo lleve puesto y realizaremos los pasos uno a uno, mostrándole la secuencia, sin prisas, y dándole tiempo para que asimile cada fase.

Si tenemos prisa, quizá es más honesto decir: «Sé que podrías hacerlo solo/a si te diera tiempo, pero no lo tengo. Necesito llegar puntual y voy a hacerlo por ti. Lo siento». Deseas ofrecerle tiempo y oportunidades, pero eres humano y a veces vas a golpe de reloj. Sin embargo, resulta esencial que seas consciente de ello y seas honesto contigo mismo y con tus hijos.

Hacer trasvases

Las oportunidades para poner en práctica esta actividad son numerosas en cualquier día de la vida de un niño. Desde servirse el desayuno hasta decorar la mesa con un arreglo floral, traspasar sólidos y líquidos entre recipientes es una actividad básica que ayudará al niño a desenvolverse con autonomía y seguridad en su vida.

Además, verter agua desde una jarra hasta un vaso, por ejemplo, no es tan fácil como podríamos pensar: si giramos demasiado la muñeca, el agua se derrama; si no la giramos lo suficiente, el agua no fluye. El niño debe alcanzar el equilibrio.

En una escuela Montessori, el material de trasvases se presenta descontextualizado en bandejas, lo que ayuda a interiorizar el orden y la concentración. En casa puedes presentárselo también en bandejas y, una vez que interiorice el proceso, pasar a trabajar directamente con los trasvases mientras cocináis juntos. También puedes saltar la etapa de las bandejas. Una u otra elección dependerá de la edad y de las características de los niños a los que acompañes: ¡siempre debes seguirlos!

Procedimiento:

Las actividades de trasvases tienen como objetivo trabajar el giro de la mano, de la muñeca y la pinza digital (en este orden). Para ello, comienza practicando con sólidos (en seco) y sigue con agua (líquido).

1. Primero, trasvasar con toda la mano (agarre palmar) (por ejemplo, una nuez), y seguir con trasvases húmedos con toda la mano (usando una esponja).
2. Después, trabajar el giro de la muñeca. Por ejemplo, pasando de una jarrita a otra un poco de legumbre (y agua más adelante).
3. A continuación, transferir usando pinzas grandes (agarre pluridigital, opone el pulgar con los otros dedos) hasta poder usar una cuchara para transferir alimentos.
4. Finalmente, cuando tengan la destreza suficiente, transferir con pinzas pequeñas o pipetas (pinza de dos o tres dedos).

Recuerda: cuando presentes el material es muy importante que pongas énfasis a la hora de realizar el movimiento que estás buscando con el trasvase.

Materiales

> Contenido: arroz, lentejas, nueces, castañas, cualquier alimento que tengas por casa y sea seguro para los niños (deben ser muy pequeños o muy grandes para evitar atragantamientos); agua.

> Continente: jarras, vasos, rotulador para marcar hasta donde llega el contenido, trapo, colorante alimentario (opcional).

¡¡Trucos!!

+ Si en un paseo otoñal por el campo encuentras castaños y recoges sus frutos, estas castañas serán un excelente material para trasvasar y también para las matemáticas, incluso para jugar de forma desestructurada como partes sueltas. Lo mismo con bellotas, piñas u otros tesoros naturales.

+ Si empleas agua teñida con colorante, un sencillo ejercicio de trasvases puede convertirse también en un bonito experimento con los colores.

+ Si además viertes el agua en cubiteras, puedes congelar los cubitos con agua y pintar después con ellos una vez congelados, ¡ideal para el verano!

Aprendizajes invisibles

Los niños se sienten especialmente atraídos por las actividades que involucran agua, por lo que pueden pasarse largos ratos trasvasando de un recipiente a otro, con lo que ejercitarán su concentración.

Además, con esta actividad el niño sigue los pasos de un proceso y, al trabajar la motricidad fina, se prepara para otras actividades como la lectoescritura.

Un paso más:

Es posible que, al trabajar con agua, ocurran derrames inesperados. Aprovéchalos para practicar nuevas habilidades: recoger y limpiar líquidos. Tu actitud tendrá una gran influencia en cómo tu hijo vivirá la experiencia. En casa, este tipo de accidentes se viven en positivo, como una nueva oportunidad de aprendizaje.

Cuando ya tenga dominado el arte del trasvase, puede ir al siguiente paso: ¡cocinar!

Variaciones:

• Puedes preparar una bandeja grande de forma que la pueda utilizar para hacer trasvases con distintos útiles. Puedes usar recipientes o utensilios que tengas por casa, como un pequeño embudo, un par de tipos de cucharas (de postre, soperas, medidoras), coladores, jarras de metal, jeringas, cuentagotas, etc.

• La misma actividad se puede realizar con arena fina de playa o kinética (arena fácilmente moldeable que se encuentra en todas las jugueterías). En este caso podemos añadir moldes.

Actividades relacionadas

Fabricar un arcoíris (pág. 40)

Cortar frutas: macedonia

Usar un cuchillo es una actividad compleja. Al aprender a emplearlo, el nivel de habilidad del niño aumenta lentamente, a medida que practica y avanza paso a paso. Para poder usar el cuchillo, el pequeño debe estabilizar la fruta con su mano no dominante, siempre vigilando de no colocarla bajo el filo, y, al mismo tiempo, sujetar el cuchillo en la posición adecuada y ejercer la presión justa para lograr el corte.

Cortar y preparar frutas para poder comerlas es un ejercicio no solo delicioso sino también cargado de aprendizajes invisibles para los pequeños. Dentro de las frutas encontrarán las semillas, lo que les permitirá iniciarse en su clasificación: ¿cuántos tipos de frutas hay? ¿Todas tienen semillas? ¿Cómo sabemos si una fruta está madura? ¿Qué pasa si arrancamos del árbol una fruta sin estarlo? ¿Cómo se reproducen las plantas? ¿Pueden hacerlo solas? ¿Las avispas y las abejas, tan molestas en verano, tienen una función? ¿Es igual comer una fruta que beber su zumo? Y también podemos indagar acerca de la relación de los seres humanos con las frutas: ¿cómo crees que nuestros antepasados cortaban las frutas? ¿Cómo eran los cuchillos de la prehistoria? ¿Recogían las frutas o aprendieron a cultivarlas? ¡Un montón de preguntas para tirar del hilo!

Materiales

> Cuchillos de poco filo especiales para niños
> Frutas
> Bandeja, trapo, cuenco o plato

Procedimiento:

1. Los niños seleccionarán las frutas y buscarán un recipiente o cuenco adecuado para mezclarlas y preparar su macedonia.
2. Cogerán también el cuchillo (y/o pelador u otros utensilios), las bandejas de corte y un bol para los desechos, y los colocarán sobre la mesa o superficie de trabajo.
3. Haremos una demostración para recordar cómo se usa cada uno de los elementos necesarios, y animaremos a los niños a participar y a mezclar en el cuenco grande la fruta elegida.

Presentación previa

En esta actividad se han elegido tres frutas (plátano, manzana y aguacate) por su facilidad para encontrarlas, pero puedes sustituirlas por las que quieras. Coloca todo en una bandeja con ayuda de los peques y procede con las presentaciones (la primera vez hazla tú, y luego acompáñalos si es necesario):

- Cortar un plátano. Muy despacio y marcando bien los puntos de interés, partir el plátano en cinco o seis trozos de forma transversal. Tomar uno de los trozos y retirar la piel.

- Cortar una manzana. Pelar la manzana y cortarla por la mitad; observar su interior. A continuación, cortarla en rodajas transversales y, con un cortador de manzanas, cortar cada rodaja en trozos más pequeños.

- Cortar y deshuesar un aguacate. Rebanar el aguacate por la mitad a lo largo. Abrirlo y observar las dos mitades; retirar el hueso. Finalmente, con un cuchillo plano cortarlo en rodajas finas.

- Tomar una muestra de las tres piezas de fruta y disponerlas sobre una bandeja alargada. Observarlas y preguntar a los niños: ¿tiene semillas? ¿Dónde? ¿Cómo son?

Aprendizajes invisibles

Dominar el uso de los diferentes utensilios de corte permite al niño involucrarse en actividades de cocina. Además, es una actividad que requiere una gran concentración, y perseverancia/repetición.
Por último, al trabajar la motricidad fina es perfecto como preparación indirecta para la lectoescritura.

Un paso más:

Cuando los niños puedan cortar de forma autónoma, se pueden congelar rodajas de fruta para después prepararse una merienda triturándola con un poco de cacao o frutos rojos.

Puedes seguir trabajando en la actividad con tarjetas tres partes (véase página 66) y/o presentar los nombres de las frutas con la fórmula de la lección en tres periodos (véase página 61), en la actividad «Letras rugosas».

Variaciones:

- Podéis jugar a taparos los ojos y adivinar la fruta que estáis comiendo, oliendo o tocando.
- Preparad la fruta en trocitos y ensartadla para hacer brochetas con ella.
- Exprimid algo de zumo o preparad una macedonia.

¡¡Trucos!!

- ✦ Un cuchillo especial para niños es muy útil para esta actividad.
- ✦ Siempre que realices actividades que impliquen riesgos, es importante que los niños estén tranquilos.
- ✦ Con un cortador de manzanas pueden prepararse ellos mismos su merienda con un mínimo de ayuda.

Actividades relacionadas

Tarjetas tres partes (pág. 66)
Letras rugosas (pág. 60)
Extras: tarjetas tres partes «Frutas»

Huerto aromático

La agricultura forma parte de nuestra historia. Aunque nuestros antepasados fueron nómadas, llegó un momento en el que nuestra civilización comenzó a asentarse y pasamos de recolectar y cazar alimentos a cultivarlos.

Para plantar un huerto aromático no se necesita un gran espacio, e incluso es posible hacerlo dentro de casa en una maceta que después se coloque en el alféizar de una ventana. Esta actividad está especialmente indicada para desarrollar el sentido del olfato. No hay que olvidar que más allá de proveer alimento, se trata de iniciar un diálogo con la Tierra que permitirá a los niños entender el lugar que ocupan en ella.

¡¡Trucos!!

+ Si es la primera vez que un peque cuida una planta, quizá pueda empezar por plantas sencillas, como las crasas o los cactus.
+ Los recordatorios visuales son importantes. Puedes establecer algún tipo de sistema con el que los niños puedan ser autónomos para cuidar sus plantas, quizá un calendario de pared o una plantilla para el frigorífico, donde un imán con un dibujo de una plantita va pasando por los días de la semana que se ha regado, puede ser una buena opción.
+ Si el espacio es un problema, busca el huerto comunitario más cercano. En este tipo de proyectos no solo se genera comida sino que se crean también tribus.

Materiales

> Maceta, tierra y abono
> Semillas de las plantas aromáticas y una huevera de cartón (o más sencillo, plantones)
> Cartelitos para las plantas

Procedimiento:

1. Si usas semillas, primero deberás hacerlas germinar. Para ello, siémbralas directamente en la maceta o en una huevera, donde será más fácil controlarlas a diario.
2. Tomad una maceta de tamaño adecuado para vuestro espacio, llenad una parte de sustrato, depositad el plantón o la semilla a una altura adecuada (siguiendo las instrucciones específicas para cada especie), cubridlo con el resto del sustrato y regad. Para germinar semillas, hay que mantener el sustrato húmedo sin que se encharque y buscar un rincón soleado para que estén contentas. Según las necesidades de la planta y el clima del entorno, habrá que exponer la semilla a la claridad y regarla de forma regular para que crezca. Con el fin de facilitar la tarea, se preparará un ambiente adecuado para que los peques puedan regarlas con total autonomía: acceso a una fuente de agua, una regadora y utensilios de limpieza por si tienen que recoger derrames.

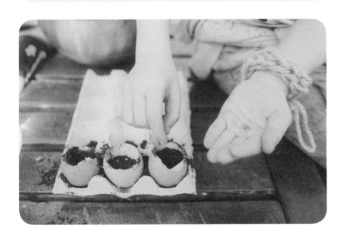

Aprendizajes invisibles

Concentración, autonomía, paciencia, orden de los procesos.

Un paso más:

Si los niños han conseguido mantener vivas sus plantas aromáticas, podrán dar un paso más y recolectarlas y secarlas para condimentar sus comidas.

Para practicar la escritura, pueden escribir carteles con los nombres de las plantas aromáticas usando piedras o palitos.

Aparte de regar las plantas, si estas viven en el interior del hogar, estarán más felices si de vez en cuando los niños les retiran el polvo de las hojas con un paño o un plumero. Esta es una nueva oportunidad de poner en práctica las habilidades de tu hijo ofreciéndole un contexto significativo.

Variaciones:

- Si no encontráis un rincón para una maceta, podéis animaros a cultivar germinados en un tarro en la cocina. Para ello, habrá que poner una cucharada de semillas (de alfalfa, rabanito, lentejas, soja) en un tarro de cristal y dejarlas en remojo unas 8-12 horas; luego habrá que retirar el agua y en lugar de tapar el tarro con su tapa, se empleará una muselina o un trozo de rejilla (de mosquitera, por ejemplo) sujetada con unas gomas de pollo. Dejar el tarro inclinado para que el exceso de agua pueda salir. Durante 3-5 días se deberán enjuagar las semillas cada noche y cada mañana, dejando siempre el tarro inclinado para que el agua drene. Cuando las semillas empiecen a brotar, habrá que limpiar una vez al día y, cuando las primeras hojas germinen, ¡ya estarán listos para comer!
- Los tomates cherry y las fresas son opciones fáciles de cultivar en poco espacio, solo hay que recordar regarlos a diario. Los niños pueden consumirlos directamente de las plantas y si los comen demasiado pronto pueden experimentar de forma natural algo tan complejo como la gratificación no instantánea, pues verdes no sabrán tan ricos como cuando están rojos y maduros.

Ensartar: hacer pulseras

En esta actividad se propone al niño fabricar sus propias cuentas para hacer pulseras y collares.

En el mercado venden cuentas de gran tamaño para que los más pequeños puedan ensartarlas con seguridad, pero es mejor que fabriquen las suyas propias de acuerdo con la actividad siguiente. Otra opción muy económica y sencilla es usar pasta alimentaria del tipo que sea, pero con un gran agujero para ensartar (macarrones, por ejemplo).

Aprendizajes invisibles

Como todas las actividades de vida práctica, la de ensartar posee múltiples niveles y propósitos. El objetivo directo es hacer pulseras o collares, y los indirectos son la preparación para la lectoescritura (al trabajar la motricidad fina y la coordinación mano-ojo), trabajar la concentración, el orden al seguir secuencias de acciones, la autonomía y la creatividad. Si se realizan pulseras para regalar, se trabajará también la gracia y cortesía a través de la generosidad.

¡¡Trucos!!

◆ Para empezar, es mejor usar alambres de felpilla (limpiapipas) o cordeles rígidos (encerados, por ejemplo). Cuando el niño sea capaz, puede emplear cordeles «blandos».

◆ Para evitar que las cuentas o los macarrones se salgan, al insertar el primero de ellos, doblar la punta inferior del limpiapipas en forma de gancho.

Procedimiento:

Fabricación de cuentas:

1. Para comenzar, habrá que fabricar la masa siguiendo la receta de la actividad «Modelar: fabricar icnitas».
2. Dividir la masa en seis partes con la ayuda del cuchillo.
3. Hacer un agujero con el dedo en cada parte y añadir las gotas de colorante para lograr los colores deseados (primarios y secundarios).
4. Con guantes, si fuera preciso, amasar hasta mezclar el color de manera uniforme (o marmolada, al gusto).
5. Tomar cada parte y amasar un trozo de masa con forma de churro, como un rulo o un cilindro.
6. Cortar el churro en segmentos longitudinales de 1 cm.
7. Ensartar los trozos en una brocheta y dejar secar.
8. Si no se usa colorante, pueden pintarse después y también hacer series (por ejemplo, una cuenta roja seguida de una amarilla, otra roja, etc.), o incluso usar las cuentas de colores para aprender las banderas de los países.

Materiales

➤ Un cuenco con cuentas o macarrones (lo más gruesos posible), alambre de felpilla (limpiapipas) o cordel

Presentación: actividad de ensartar

1. Tomar un cuenco con las cuentas que se han fabricado en la actividad anterior y una bandeja con un alambre de felpilla (limpiapipas) y depositarla sobre la mesa.

2. Con la mano no dominante tomar las cuentas con los dedos índice y pulgar, y con la mano dominante ir ensartándolas en el alambre. Con los dedos índice y pulgar sujetar la punta y, con los otros tres dedos, el resto del alambre.

3. Cuando pasa la cuenta por el alambre, los dedos índice y pulgar vuelven a ponerse en la punta del mismo.

4. Si se desea cerrar la pulsera, simplemente dar tres vueltas al alambre.

Un paso más:

Una vez tengan dominado el proceso de ensartar con limpiapipas, podrán pasar al siguiente nivel: el cordel. Para evitar que los macarrones se salgan por el otro extremo (y la frustración que conlleva), atar uno de ellos al final del cordel, o poner celo en la mesa, o un imperdible prendido de la ropa.

Si se desea emplear colorantes naturales, he aquí algunas opciones: la col lombarda tiñe muy bien el agua y añadiendo vinagre o bicarbonato de sodio se hace virar el color para obtener azules, violetas o rosa fucsia; la cúrcuma en polvo es genial para teñir de amarillo la masa ya hecha y la espirulina para lograr el verde.

Variaciones:

• En otoño es perfecto para salir a la naturaleza a recoger frutos y luego enhebrarlos en forma de guirnaldas (con cordel) o hacer con ellos figuras geométricas (con alambre). Si se cuelgan en el exterior (en el jardín o en el parque del barrio), los pájaros se verán beneficiados, pues de esta manera podrán tener un extra de alimento, tan difícil de encontrar en las estaciones frías. Otra opción son las palomitas, pero mejor al natural, sin sal ni mantequilla; y si van a consumirse, hay que prestar especial atención a los colorantes, que han de ser naturales o especiales para alimentación.

Hacer collares, cordeles para envolver y adornar regalos, y móviles para colgar son otras actividades que también se pueden llevar a cabo con estas técnicas.

Actividades relacionadas
Modelar: fabricar icnitas (pág. 26)

Arreglo floral

Con esta actividad podrás llevarte un pedacito de naturaleza a tu hogar para que alegre tus días y te recuerde las interconexiones existentes entre todos los seres vivos.

La mayoría de los niños adoran coger flores en el campo, así que te animamos a añadirles significado y convertirlas en bonitos arreglos florales.

Procedimiento:

1. Primero deberás salir con tus hijos a recoger flores y ramas con la ayuda de unas tijeras, para así evitar dañar las plantas.
2. Una vez en casa, deberás ofrecer a los niños una bandeja con todo lo necesario para poder llevar la actividad a cabo: jarrita con agua, tijeras, jarrón, esponja, bayeta...

Materiales

> Tijeras
> Jarrita con agua
> Jarrón
> Flores y ramas que hayamos cogido en el campo

Un paso más:

Si habéis optado por hacer ramilletes, podréis utilizarlos para decorar una cesta o preparar una guirnalda para la puerta de casa.

Variaciones:

• Una opción también muy linda es hacer una corona, formando la estructura con juncos y añadiendo poco a poco ramas, hojas y flores.

¡¡Trucos!!

Quizá el interés de esta actividad surja en el campo. Una alternativa es componer allí mismo los ramilletes, simplemente uniendo las ramas y flores y anudándolas con un poco de cinta, lana, cordel o trapillo.

Aprendizajes invisibles

Como el resto de las actividades de vida práctica, esta contiene muchos aprendizajes invisibles. El niño conecta con la naturaleza y el mundo que le rodea al recoger las flores y las plantas, y pone en marcha sus sentidos al verlas, olerlas, tocarlas y apreciarlas. Se practica la motricidad fina y además puedes estirar del hilo y convertirlo en una lección de gracia y cortesía, si preparamos el ramillete para regalarlo a alguna persona especial.

Actividades relacionadas

Naturaleza preservada (pág. 116)
Flores (pág. 124)
Estampar con hojas y flores (pág. 149)

Modelar: fabricar icnitas

Nuestros antepasados descubrieron que, si mezclaban arcilla con agua, podían moldear objetos. Si después calentaban estos objetos con fuego, conseguían que fueran extremadamente duros: la primera cerámica que fabricó la humanidad. Es un misterio cómo llegaron nuestros ancestros a estas conclusiones, pero seguramente sería debido a la observación, a equivocarse mucho y a aprender de los errores.

La casa en la que vivimos ahora está hecha de ladrillos y en algunos lugares de la Tierra aún se hacen a mano con adobe (una masa de arcilla, arena y paja que permite construir casas enteras). Mucho antes de eso, los dinosaurios poblaban la Tierra y sus huesos (en forma de fósiles) y sus huellas (en forma de icnitas) siguen estando presentes en nuestro mundo.

La arcilla es un material estupendo para que los niños puedan crear sus propios objetos, además de ofrecerles una gran estimulación sensorial (táctil). Sin embargo, durante su manipulación pueden ensuciarse y si no disponen de tiempo para limpiar después, quizá sientas algo de rechazo hacia este material. Una buena estrategia es preparar primero el espacio en el que se vaya a trabajar: delimitarlo a una bandeja facilita mucho las tareas de limpieza. Piensa además en los beneficios que os aportará la actividad. Lo más seguro es que a cambio de 5 minutos de limpieza al final de la actividad, tengas una mañana de paz en casa. Para esta actividad se propone emplear una arcilla falsa, fácil de fabricar y modelar, y que se puede preparar en la cocina.

Materiales

> Cuenco para mezclar, tazas medidoras, bolsa ziploc o recipiente para conservar (opcional)
> Ingredientes de la receta: 2 tazas de harina, ¾ de taza de sal y ¾ de taza de agua caliente; colorante o pintura (opcional)

Procedimiento:

Fabricar la masa (arcilla casera)

1. Simplemente hay que mezclar harina, agua y sal con las manos hasta conseguir una masa adecuada. Para empezar, formar un volcán en la superficie de trabajo con la sal y la harina, y, seguidamente, añadir un poco de agua en el centro. Mezclar bien e ir agregando más agua hasta lograr la textura de una plastilina, maleable pero no pegajosa.

Presentación: huellas de dinosaurio

2. Para preparar las superficies donde grabar las huellas, tomar una cantidad de arcilla (según el tamaño de las huellas) y formar una bola. Colocar la bola en la mano no dominante, y con el pulgar de la mano dominante empezar a presionar despacio sin llegar al final.
3. Una vez preparadas las superficies, tomar un dinosaurio de juguete y presionar suavemente las patas sobre la masa, sin llegar al fondo. Dejar secar toda la noche, y al día siguiente pintarlo con los colores elegidos.

Aprendizajes invisibles

Coordinación, preparación para la lectoescritura, creatividad, paciencia.

Plasti casera
Ingredientes

> 2 tazas de harina
> 2 cucharadas de aceite vegetal (girasol, oliva...)
> ½ taza de sal
> 2 cucharadas de cremor tártaro
> 1-1½ taza de agua caliente

> Opcional: 3-5 gotas de aceite esencial (el de lavanda es una buena opción), colorante alimentario y unas gotas de glicerina.

Mezclar la harina, la sal, el cremor tártaro y el aceite en un cuenco grande. Verter el agua caliente poco a poco y amasar hasta conseguir una textura agradable. Añadir aceite esencial para potenciar la sensorialidad de la masa y unas gotas de colorante alimentario. Finalmente incorporar unas gotas de glicerina, que actúa de humectante y suaviza la masa.

Un paso más:

En lugar de huellas de dinosaurio se pueden estampar hojas del jardín, sellos o las manos (un bonito regalo para nuestros seres queridos).

Variaciones:

- La plastilina es una opción muy adecuada, tanto la que venden en las tiendas como la que se puede fabricar en casa. También la pasta de sal, que, aunque deberá cocerse en el horno, es otra opción muy interesante. A continuación, se ofrecen las recetas de estos dos tipos de masa para modelar.

¡¡Trucos!!

- Si se desea conservar la falsa arcilla para usar más adelante, guardarla en la nevera dentro de un recipiente estanco. Si se endurece, añadir algo más de agua y amasar.
- Con un poco de agua, se pueden pegar piezas.

Pasta de sal
Ingredientes

> 2 tazas de harina
> ½ taza de sal
> ¾ de taza de agua caliente

Mezclar la harina, la sal y el agua en un cuenco grande hasta conseguir una textura moldeable pero no pegajosa.

Aprender a coser

Muchos niños, y también muchos adultos, sienten curiosidad por el arte de la costura. Hay quien compara las actividades rítmicas como la costura con el yoga o el mindfulness, pues cuando el cuerpo coge el ritmo y los dedos empiezan a bailar solos, es fácil lograr estados de relajación y presencia.

Puede que el hecho de que la actividad incluya agujas de punta fina te frene a la hora de ofrecérsela a los niños, pero, como todo en Montessori, con las indicaciones que se muestran podréis ir de lo más fácil a lo más difícil de una forma muy sencilla y segura.

Ya en la prehistoria, nuestros ancestros utilizaban los elementos que tenían a su alcance para fabricar aquellos objetos que necesitaban para su supervivencia, entre ellos las agujas para coser. En un primer momento, emplearían huesos que afilarían para coser pieles de animales, con el fin de protegerse del frío. Miestras se preparan los materiales para acometer esta actividad, puede ser un buen momento para hablar sobre este tema y que surjan ideas sobre, por ejemplo, qué tipo de pieles podrían emplear como ropa nuestros antepasados, así como las herramientas con las que cazaban.

Materiales

> Fieltro grueso, sacabocados, lana o cordel, celo o washi tape
> Aguja lanera (de punta roma) opcional

Procedimiento:

1. Recortar el fieltro con la forma que se desee: una estrella o un corazón, por ejemplo.
2. A continuación, con el sacabocados hacer agujeros por el contorno del fieltro, aproximadamente a 0,5 cm del borde y con una distancia de 1 cm entre agujeros.
3. Una vez preparada la forma, tomar la lana o el cordel y cortar una hebra de unos 30 cm (según el tamaño de la forma).
4. Con un poco de celo o washi tape, proteger la punta inicial de la hebra para darle consistencia y hacer un nudo grueso al final (o poner washi tape o atar una cuenta pequeña para evitar que el resto se escape). También se puede anudar a un imperdible y engancharlo a la ropa.
5. Con mucho cuidado, tomar los dedos corazón, índice y pulgar de la mano dominante y simular la pinza digital un par de veces.
6. Entonces tomar el cordel entre los tres dedos y con la otra mano coger el fieltro, y pasar el hilo una vez por arriba y la siguiente por abajo.
7. Recorrer todos los agujeros del contorno y al llegar al primero anudar el hilo.

Aprendizajes invisibles

Como todas las actividades de vida práctica, coser posee múltiples niveles y propósitos. Es una preparación para la lectoescritura (al trabajar la motricidad fina y la coordinación mano-ojo), se trabaja la concentración y la paciencia, el orden al seguir secuencias de acciones, la autonomía y la creatividad.

Si además queremos regalar el resultado, se trabajará también la gracia y cortesía a través de la generosidad.

Un paso más:

Ahora que el niño sabe coser, puede hacer otros trabajos con hilo, como por ejemplo tomar dos palos, cruzarlos por el centro y empezar a anudar el hilo para hacer cometas u «ojos de Dios», ideales para decorar y regalar a nuestros seres queridos. Los «ojos de Dios» se hacen con dos palitos que se sujetan en forma de cruz; se ata el hilo en el centro y se va haciendo girar, siempre en el mismo sentido, enrollándolo alrededor de cada palito.

Variaciones:

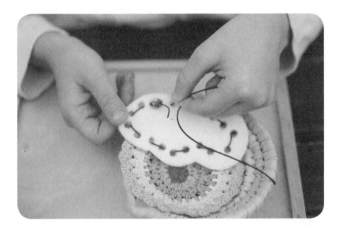

- Repetir la actividad pero usando dos piezas de fieltro iguales y cosiéndolas a un tiempo. Antes de cerrar, introducir un cascabel. (Si el niño desea regalar su creación a algún bebé, es IMPRESCINDIBLE que lo revise un adulto previamente.)
- Recoger lavanda o tomillo y rellenar saquitos de fieltro para después guardarlos en los cajones de un armario. El niño, al ponerse la ropa y olerla, recordará el momento en el que recogió la lavanda en aquel agradable paseo por el campo.

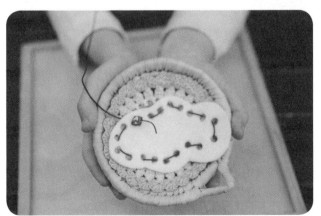

¡¡Trucos!!

+ Si el niño quiere hacerlo por sí mismo, hay que animarle a ello.
+ Se pueden formular preguntas del tipo: ¿qué necesitas para coser, agujeros? ¿Con qué puedes hacer agujeros? ¿Qué necesitas para que sea más fácil pasar el cordel por el agujero, que sea más firme? ¿Qué puedes añadir al cordel para que sea más firme y permita que siga pasando por el agujero? ¿Qué necesitarías para que no se te escape el cordel entre los agujeros?

Tejer con los dedos

Tejer puede resultar algo puramente hipnótico: vuelta a vuelta, el tejido crece al tiempo que se establecen nuevas conexiones. Algunas culturas, como los indios americanos Pueblo, veneran la figura de la Abuela Araña, la gran tejedora que creó el mundo tejiendo y que enseñó a los humanos a manipular las fibras.

Uno de los problemas que pueden tener los niños pequeños con esta actividad es lograr sujetar las agujas de tejer, que tienen un tamaño considerable. Por ello, en esta primera presentación deberás enseñarles a hacerlo con los dedos.

Con los cordeles resultantes podemos hacer pulseras, atar ramilletes o adornar regalos para nuestros seres más queridos.

Aprendizajes invisibles

Al trabajar la motricidad fina y la coordinación mano-ojo, prepara a los niños para la lectoescritura. Se trabaja también la concentración, la paciencia y la perseverancia, el orden al seguir secuencias de acciones, la autonomía y la creatividad.

Si además el niño desea regalar su creación, trabajará la gracia y cortesía a través de la generosidad. También es un primer paso para adentrarse en otras técnicas de tejido.

Materiales

> Una cesta
> Un ovillo de lana de colores

Procedimiento:

1. Invitar al peque a coger la cesta con el ovillo de lana y dejarla sobre la mesa.
   Abrir la mano no dominante y atarle en el pulgar un extremo de la lana (siempre pidiéndole permiso para hacerlo).
2. Tomar la hebra y pasarla alrededor de los dedos de la siguiente forma: por debajo del dedo índice, pasando por detrás del dedo hasta la unión con el dedo corazón, entonces pasar por delante del dedo corazón y rodear de nuevo por detrás del dedo anular hasta llegar a la unión del dedo anular y el meñique.
3. Rodear el meñique y pasar la hebra por encima del anular, por debajo del corazón y por encima del índice. Repetir de nuevo todos los dedos, de forma que obtengamos dos anillos, superior e inferior, en cada uno de los cuatro dedos. Repetir mientras se realiza el tejido: «Uno por abajo, uno por arriba, uno por abajo, uno por arriba, y, de vuelta, abajo, arriba, abajo, arriba». Tomar el anillo de abajo y pasarlo hacia atrás (doblando un poco el dedo). Repetir con todos los dedos, del meñique al índice.
4. Volver a pasar la hebra alrededor de los dedos como en el paso 3.
5. Repetir el paso 4.
6. Repetir varias veces hasta obtener el largo deseado y entonces proceder a cerrar: sacar los dedos uno a uno e ir cerrando de forma que se pase el anillo de lana del dedo índice sobre el dedo corazón, llevando (como en el paso 4) el anillo inferior hacia atrás. Repetir la operación con el resto de los dedos.
7. Cerrar la labor cortando la hebra y anudándola al último nudo.

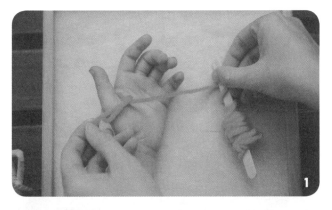

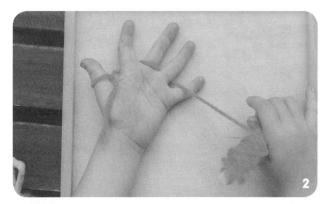

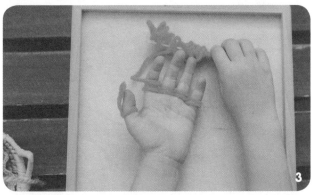

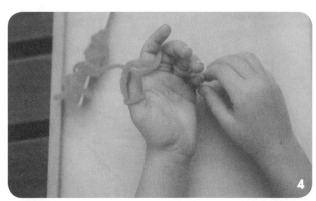

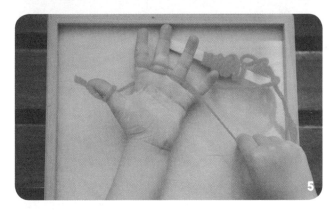

Un paso más:

Una vez que los niños hayan dominado la técnica, pueden empezar directamente por los dedos sin atar la lana al dedo pulgar, cuyo objetivo es evitar confusiones al principio.

Cuando se sientan preparados, pueden aprender a tejer con dos agujas. En internet hay numerosos vídeos que muestran cómo hacerlo. Una buena opción es visitar La Lanería (http://lalanería.com).

También se puede fabricar un telar simple, pues el movimiento que se realiza para pasar el hilo por la urdimbre es el mismo: por encima, por debajo, por encima...

Variaciones:

- Se puede preparar un tejedor con cuatro depresores o palos de madera pegados a un rollo vacío de papel higiénico a modo de tricotín.
- También se pueden emplear tenedores de madera específicos para tejer o crear un telar de flor con cartón o fieltro.

¡¡Trucos!!

Una manera de dar los primeros pasos en esta técnica es ofrecer la mano del adulto para que la realicen, lo que facilitará que asimilen mejor la secuencia de pasos.

Comedero para pájaros

Aunque parezca que somos muy diferentes, los pájaros y los mamíferos compartimos un mismo ancestro reptil, somos los únicos animales de sangre caliente y cuidamos de nuestras crías con esmero.

Proteger a otro ser vivo es una experiencia única. En muchos ambientes Montessori hay animales que los niños se encargan de alimentar y cuidar: tortugas, peces, conejos o incluso un cerdo vietnamita. Quizá en tu casa tengáis alguna mascota y entonces tus hijos ya conocerán la experiencia de ser responsables de la vida de un ser vivo. Con todo, tanto si la tenéis como si no, esta actividad será una gran oportunidad para entrar en contacto con la naturaleza y conocer un poco más a los pájaros de tu entorno.

No hay que instalar necesariamente el comedero en tu casa, se puede colgar en un árbol cercano o en el parque que visitéis más a menudo. Los pájaros tienen un papel muy importante en los ecosistemas, pues ayudan a dispersar el polen y las semillas de los frutos para que las plantas se reproduzcan, contribuyen a mantener los humedales, que actúan como depuradoras de aguas, y alegran nuestros días con sus cantos. Si tenéis la fortuna de que una familia anide cerca de vuestra casa será una experiencia de aprendizaje maravillosa para todos. Y con un comedero a su alcance esto será mucho más fácil.

Materiales

> Palitos de helado, pegamento (cola blanca o pistola), cordel
> Alpiste

Procedimiento:

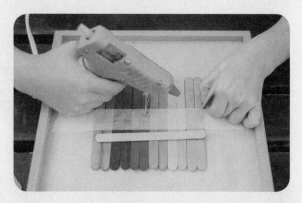

1. Colocamos los palitos de helado (pintados o no), paralelos unos a otros, para formar una base cuadrada, tan grande como se desee. Los unimos con cola blanca o con la pistola de silicona.

2. Pegamos otros palitos de manera transversal para darle seguridad a la base.

3. Damos la vuelta a la base y pegamos dos palitos, uno en cada lado del cuadrado. Vamos a llamar a estos lados 1 y 2.

4. Pegamos dos palitos más en los otros dos lados que nos quedan vacíos (los llamaremos lados 3 y 4), de modo que estos quedan montados sobre los palitos del punto anterior.

5. Repetimos el patrón: dos palitos en los lados 1 y 2, dos palitos en los lados 3 y 4, dos palitos en los lados 1 y 2... hasta lograr la altura deseada, entre 5 y 10 cm.

6. Dejamos secar y con un cordel lo atamos al árbol elegido.
7. Por último, lo llenamos con un poco de alpiste o frutos, o incluso colocamos un recipiente con agua. ¡A los pájaros les encanta bañarse!

Aprendizajes invisibles

Concentración, autonomía, paciencia, orden de los procesos. Conceptos matemáticos: cuadrado, paralelo, perpendicular, opuesto.

Un paso más:

Se puede esperar a que acuda algún pájaro para observarlo y luego dibujarlo e intentar identificar la especie. Comprobar si han acudido a comer el alpiste y reponerlo.

Variaciones:

Este trabajo de carpintería es muy sencillo y si al niño le ha gustado trabajar la madera, ¿por qué no diseñar un comedero nuevo?

¡¡Trucos!!

+ Si se vive en una zona húmeda, quizá la forma más sencilla de realizar un comedero de pájaros sea reciclando una botella de plástico o un cartón de leche para que el alpiste quede cubierto y no se humedezca con la lluvia.
+ Para la botella, hacer dos agujeros para poder colocar una cuchara de madera que la atraviese, de forma que el alpiste caiga en la cabeza de la cuchara.
+ Al cartón de leche se le deberá hacer un par de ventanas a media altura a fin de colocar el alpiste dentro y que los pájaros puedan acceder.
+ También se pueden preparar galletas de alpiste y atarlas con un lazo a un árbol o recubrir un rollo de cartón vacío con el alpiste (usando manteca de coco o de cacahuete como pegamento).

Actividades relacionadas
Aves (pág. 112)

2
SENSORIAL

«Lo que la mente del niño asimila durante los periodos sensitivos permanece como una adquisición permanente para toda la vida.»

Maria Montessori,
Discovery of the Child

Los materiales sensoriales son uno de los ejes de la filosofía Montessori. Representan todo un icono (piensa por ejemplo en la torre rosa: el conjunto de cubos de madera de tamaño creciente/decreciente) y uno de los motivos por los que, a primera vista, el método parece algo complejo de trasladar a un hogar: su coste nos parece inasequible.

Los libros de Maria Montessori dan cuenta de varios materiales de tipo sensorial y se afirma que con ellos, cuidadosamente ordenados, el niño puede ordenar sus experiencias pasadas y obtener «las llaves del Universo», es decir, el acceso a nuevos tesoros de su ambiente. Este es uno de los éxitos del material Montessori: ofrecer un propósito directo al tiempo que uno indirecto que irá conectando al pequeño con el resto de las tareas que tendrá que aprender cuando crezca.

En las casas de niños, los materiales se presentan a los niños siguiendo sus intereses y una cronología, una vez que han realizado durante el tiempo adecuado las actividades de vida práctica.

En el hogar, algunos materiales son fáciles de reproducir (cilindros de sonido, olor y sabor o la caja de telas) mientras que para otros no es tan sencillo. Y todo ello teniendo en cuenta que se deberá contar con un ambiente preparado con más materiales para que funcionen realmente bien. Así, lo que se propone en este libro es, pensando en estos materiales y en los intereses de los niños, inventar juntos, adultos y pequeños, juegos y actividades que tengan una función directa similar.

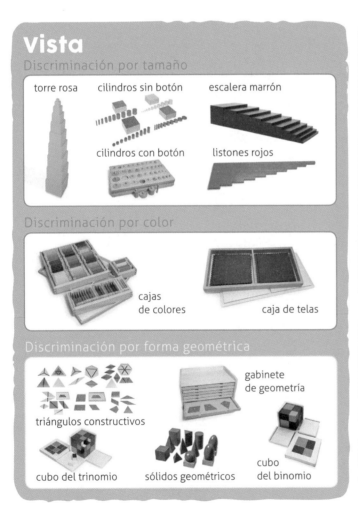

Vista

Discriminación por tamaño

torre rosa cilindros sin botón escalera marrón

cilindros con botón listones rojos

Discriminación por color

cajas de colores caja de telas

Discriminación por forma geométrica

triángulos constructivos gabinete de geometría

cubo del trinomio sólidos geométricos cubo del binomio

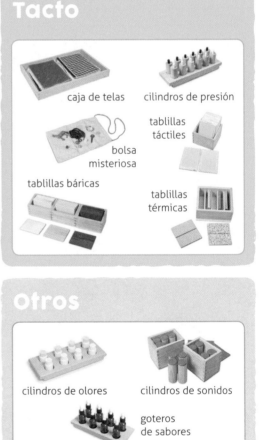

Tacto

caja de telas cilindros de presión

bolsa misteriosa tablillas táctiles

tablillas báricas tablillas térmicas

Otros

cilindros de olores cilindros de sonidos

goteros de sabores

LOS PERIODOS SENSIBLES

Maria Montessori habla en *La mente absorbente* sobre tres periodos sensibles que, junto con el del lenguaje, son los que se deben tener presentes en el hogar a la hora de trabajar el área sensorial.

En un aula Montessori todo está medido y todo tiene un sentido y un propósito. En casa puede no ser tan sencillo, pero si se tienen en cuenta estos tres periodos sensibles, seguramente todo vaya mejor.

PERIODO SENSIBLE DEL REFINAMIENTO DE LOS SENTIDOS. Los niños necesitan tocar y experimentar con todo para poder aprender, no porque sean maleducados, sino todo lo contrario: con ello intentan entender mejor el mundo que les rodea. Por lo tanto, hay que dejar a su alcance solo aquello que queremos (o no nos importa) que manipulen.

PERIODO SENSIBLE DEL REFINAMIENTO DEL MOVIMIENTO. A la vez, necesitan moverse, porque es la forma que ha previsto la naturaleza para que interioricen los aprendizajes. En este sentido, cuantas más oportunidades para moverse, mejor. Poco a poco irán controlando sus movimientos hasta alcanzar la precisión y el refinamiento.

PERIODO SENSIBLE DEL ORDEN. Los niños se pasan sus tres primeros años de vida impregnándose del mundo en el que viven. Así, los materiales y actividades que se les ofrezcan deberán ayudar a lograr ese objetivo, aunque sin saturarlos. A partir de los 3 años, se les deberá ofrecer además experiencias que les permitan estructurar y ordenar todos esos conocimientos que han ido adquiriendo.

Un aula Montessori cuenta con diversos materiales para el refinamiento de los sentidos. Como decíamos anteriormente, en casa no podemos tenerlos todos, pero es importante saber hacia dónde nos dirigimos para trazar nuestro mapa de ruta.

A diferencia de los perros, con su formidable hocico y sentido del olfato, los seres humanos, con nuestros potentes ojos colocados en la parte frontal de nuestro cráneo, presentamos un diseño ideal para una vida basada en la visión. Este es un gran regalo, pero también se convierte a menudo en una limitación cuando nos olvidamos del resto de los sentidos.

Desde aquí invitamos a los padres y madres a que despierten su conciencia sensorial para enriquecer aún más las experiencias de sus hijos. Una técnica simple es preguntarse: «¿Qué me estoy perdiendo ahora mismo?». Un día será una rama repiqueteando en la ventana, movida por el viento; otro será ese olor tan especial que desprende tu hijo al salir de la bañera. Invita a tu pequeño a despertar también sus sentidos compartiendo con él tus percepciones: no hay mejor forma de ayudarlo a conectar sus conocimientos y entender la vida en su sentido más amplio.

Formas básicas

Al familiarizarse con las formas básicas, y mediante este primer sistema para describir y categorizar lo que ve a su alrededor, el niño entiende mejor el mundo que le rodea. Pero la exploración de las formas es mucho más, es una introducción a la geometría.

Los orígenes de la geometría nos transportan al Antiguo Egipto, a las orillas del Nilo. Cada año, el río se desbordaba para volver luego a su cauce, dejando tras de sí grandes extensiones de tierras cubiertas de lodo negro. Resulta que la tierra negra era de lo más fértil y los agricultores tenían gran interés en poder marcar las fronteras de sus zonas de cultivo. Es así como idearon una cuerda con unos nudos que les permitía dibujar triángulos rectángulos y volver a marcar sus terrenos en un santiamén.

Materiales

> Una bandeja, tres cestas, tres tarjetas
> Objetos: bloques Lego, bloques de madera, pompones...

Procedimiento:

Hay que tener preparado un cesto o la bolsa misteriosa con los objetos que clasificar y, por otro, tres cestas en las que se colocará: una tarjeta con forma de círculo, otra con forma de cuadrado y otra con forma de triángulo, una en cada cesta. El peque deberá clasificar el material y cuando termine se podrá practicar el vocabulario usado durante la actividad.

Un paso más:
Se puede jugar a buscar en la naturaleza o en casa otros objetos que tienen también esas formas en alguno de sus lados, y explicárselo a los peques de forma sencilla.

Variaciones:
• Pensar en otros juegos de clasificar: colores, tamaños... El objetivo es aislar la dificultad: si lo que se pretende es que el niño discrimine por color, hay que ofrecerle bloques del mismo tamaño y distinto color.

Aprendizajes invisibles

Para poder discriminar por forma, el pequeño desarrolla sus habilidades de observación. También aprende nuevo vocabulario y el desarrollo de habilidades de discriminación visual es muy importante para poder luego captar las diferencias entre las formas de las diferentes letras.

¡¡Trucos!!

Si se desea hacer una presentación, escoger uno de los objetos, repasar su forma con el dedo índice, nombrarlo y colocarlo en el cesto correspondiente.

Actividades relacionadas

Clasificaciones: flota/se hunde
+ magnético/no magnético (pág. 104)

La bolsa misteriosa

El juego de la bolsa misteriosa es una actividad genial. Consiste en una bolsita en la que introducimos sólidos geométricos o cualquier otro tipo de material. Sirve tanto para desarrollar el sentido estereognóstico (la capacidad de reconocer un objeto solo mediante el tacto) como para potenciar el lenguaje. Incluso podemos usarla para las matemáticas...

Procedimiento:

Preparar una bolsa de tela con objetos dentro para que el niño pueda explorarlos y adivinar qué son antes de sacarlos de la bolsa.

Se puede usar para emparejar imagen y objeto, emparejar dos objetos del mismo material, trabajar el lenguaje (describiendo y tratando de adivinar el objeto que se toca). Y cualquier cosa que se nos ocurra.

Materiales

> Bolsa de tela
> Objetos

¡¡Trucos!!
Si no se tiene a mano una bolsa de tela, una caja con tapa puede servir igual de bien.

Aprendizajes invisibles
Esta actividad permite trabajar muchos campos: el sentido estereognóstico, las habilidades lingüísticas, los conceptos matemáticos o científicos (en función de los objetos que se coloquen dentro de la bolsa).

Un paso más:
Es posible completar este material con tarjetas tres partes, lo que permitirá relacionar el objeto real con la fotografía y más adelante trabajar el vocabulario.

Variaciones:
• ¿Y si, en vez de guardar objetos en una bolsa, se prepara un circuito para hacer con un antifaz donde vayan tocando distintas texturas? Al destaparse los ojos podrán comprobar si sus percepciones eran correctas. Y quizá puedan hacer el mismo recorrido de nuevo con los pies: ¿son las mismas sensaciones?

También es posible emplear parejas de telas de distintas texturas para trabajar el sentido del tacto, así como coser parejas de pequeños sacos o bolsitas con distintos pesos (se pueden rellenar con algunas legumbres: dos sacos con diez garbanzos en su interior, dos sacos con treinta garbanzos...). El niño tratará de emparejar los sacos del mismo peso sin mirar.

Actividades relacionadas
Tarjetas tres partes (pág. 66)

Fabricar un arcoíris

¿Por qué el cielo es azul? ¿Por qué el sol es amarillo? ¿Por qué las hojas son verdes? En un bucle que no tiene fin, como la creatividad humana, esta clase de preguntas son típicas de la infancia, y son la prueba de la curiosidad innata que tenemos los seres humanos.

Esta actividad tiene por objetivo ayudar a los niños a refinar el sentido de la vista, y en concreto la discriminación por color.

Materiales

> Una jarra de agua, seis vasos, colorante alimentario o témpera (rojo, azul y amarillo), papel de cocina

Aprendizajes invisibles

Vivimos en un mundo a todo color, y aprender a discriminar los diferentes colores ayuda a entenderlo mejor.

Procedimiento:

1. Presentar a los niños una bandeja con una jarrita de agua, seis vasos y seis trozos de papel de cocina.
   Rellenar tres vasos hasta la mitad.
   Echar unas gotas de colorante. Rojo en un vaso, amarillo en otro y azul en el tercero. Mezclar bien para que el color quede uniforme.
2. Disponer los tres vasos formando un triángulo e intercalar los tres vasos vacíos entre los tres llenos.
3. Doblar cada uno de los trozos de papel de cocina para formar seis tiras de 2-3 cm de ancho.
   Conectar con las servilletas cada uno de los vasos vacíos con los dos vasos llenos que tiene a lado y lado.
4. Preguntar a los niños: «¿Qué creéis que pasará?», sin juzgar sus respuestas.
5. Esperar y revisar cada diez minutos
6. ¿Qué está pasando? ¿Por qué?

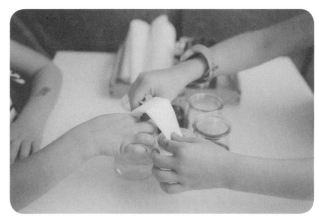

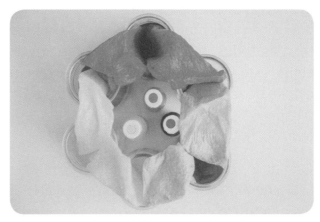

Un paso más:

Se pueden hacer fotos del proceso para luego dibujarlo o hacerlo en directo.

Otra forma de realizar este experimento es usando una cubitera. Después se pueden hacer cubitos y un día de calor pintar con ellos sobre papel o cartulina.

¡¡Trucos!!

+ Si pasa el rato pero los colores no se desplazan, añadir un poco más de agua en los vasos con color.
+ ¡No tires el papel! Al acabar el experimento, se puede escurrir con cuidado y ponerlo a secar. Los estampados que se crean son demasiado bonitos para no aprovecharlos.

Variaciones:

• Realizar el experimento usando apio en lugar de papel.

Se puede completar la actividad preparando la versión casera de las cajas de colores Montessori.

Actividades relacionadas

Móvil arcoíris (pág. 42)
Disco de Newton (pág. 44)

Móvil arcoíris

Esta actividad tiene propósitos múltiples. Como verás, los bastidores de bordado son un material muy versátil.

Primero se trata de investigar la discriminación por tamaños con los aros de los bastidores, algo que en un aula se hace con varios materiales emblemáticos: la torre rosa, la escalera marrón, los listones rojos y los cilindros con y sin botón. Como en casa no los tendrás todos, te proponemos alternativas, como este ejercicio: siguiendo las explicaciones de la lección en tres periodos (véase página 61), practicar la discriminación por tamaño.

Cuando los peques ya hayan trabajado mucho la discriminación por tamaño con este material (y con otros como cajitas de regalo, matrioskas, tuercas y tornillos de distinto tamaño), reutiliza los bastidores. Puedes ofrecerles la tela sujeta en estos para que aprendan a abrochar sus camisas o chaquetas.

Después, puedes seguir con el objetivo de discriminación visual por colores, y para ello puedes crear un móvil con los colores del arcoíris. Primero usa los colores primarios: ¡los buscaremos también en la naturaleza! Y después los colores secundarios.

El último objetivo será decorar tu hogar con este precioso móvil, que además es reutilizable. Puedes buscar hojas y flores, prensarlas y plastificarlas para sustituir las láminas de color. O incluso cuando los niños ya sepan bordar, podrán crear un recuerdo familiar precioso bordando las iniciales de los miembros de la familia o el contorno de sus manos.

Materiales

> Celofán de colores o separadores translúcidos para reciclar
> Juego de bastidores (o depresores o palitos de helado)
> Rama de árbol de unos 80 cm o bastidor circular u otro soporte

Procedimiento:

1. Preparar bastidores y papel celofán de color rojo, azul y amarillo.
   Recortar el celofán y preparar unos visores con los aros de los bastidores.
2. Los superponemos unos sobre otros y observamos qué ocurre.
3. Recortar tres colores más: morado, verde y naranja (los colores resultantes de la superposición) y repetir el proceso.
   Llevar los visores al bosque para investigar.
4. Con otro bastidor o con un palo grande que podamos recoger, anudar los seis círculos para construir un móvil para decorar la casa.

Aprendizajes invisibles

Con esta actividad se trabaja la discriminación por color, la discriminación por tamaño, las habilidades motrices finas y la creatividad.

¡¡Trucos!!

Si no encontramos ninguna rama, también podemos usar un telar circular para colgar los bastidores o usar una ramita más delgada y enroscarla para formar un círculo.

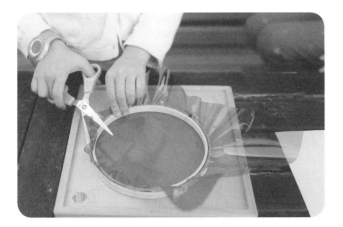

Variaciones:

- Si no se tiene acceso a bastidores, igualmente se puede llevar a cabo la actividad con depresores o palitos de helado, pegando cuatro palitos para formar un marco cuadrado (sobre el que podremos pegar el celofán).
- También las cajas de telas son un recurso fácilmente reproducible en casa por poco dinero, especialmente si hay aficionados a la costura en la familia. Se necesitan telas de diferentes colores. Bastará con recortar dos cuadrados de cada una de las telas para luego emparejar los dos cuadrados del mismo color.

Un paso más:

Antes de colgar los bastidores, es buena idea llevarlos al bosque más cercano y observar qué colores se pueden encontrar. Seguramente sean distintos en primavera y en otoño, ¿verdad? Prueba también a hacer fotos poniendo los filtros sobre el objetivo o el flash de la cámara. ¿Qué ocurre?

Una vez hayáis jugado con los colores, podéis reutilizar los bastidores para hacer un móvil de naturaleza preservada.

⬇

Actividades relacionadas

Formas básicas (pág. 38)
Disco de Newton (pág. 44)
Naturaleza preservada (pág. 116)

Disco de Newton

En esta actividad se volverá a trabajar el color y la luz, primero a través del famoso experimento del disco de Newton y jugando a mezclar colores, y luego descomponiendo la luz visible o luz blanca.

La luz blanca es la luz que el ojo humano es capaz de percibir. Durante muchos años costó acabar de entender su funcionamiento, pues a veces se comporta como una onda (energía que se propaga sin masa) y otras, como una partícula (pequeño objeto con masa), pero ya hace unos siglos que se descubrió que la luz que vemos es en realidad la suma de todos los colores del arcoíris.

Newton fue el primero en realizar estos experimentos usando prismas, y los resultados le debieron de parecer tan extraordinarios que bautizó lo que vemos como «espectro visible», como si hubiera visto un fantasma (*espectro* viene del latín, lengua en la que significa «aparición»).

Materiales

> Plantilla, cartón, lápiz, tijeras y pegamento
> Tres linternas con papel celofán
> Vaso, agua, folio, acuarelas

Aprendizajes invisibles

Con este experimento los niños se adentran en el mundo de la óptica. Descubren que la luz visible se descompone en los diferentes colores del arcoíris, aprenden nuevo vocabulario y aplican el método científico al hacer conjeturas y buscar respuestas.

Procedimiento:

Experimento 1: disco de Newton

La actividad consiste en observar qué ocurre cuando unimos todos los colores.

1. Imprimir la plantilla y pegarla sobre un cartón (o pintarlo directamente con los siete colores correspondientes).
2. En el centro, clavar un lápiz y girar la plantilla a modo de peonza.
3. ¿Qué se observa?

Experimento 2: mezclar luz para crear colores

Antes de los experimentos de Newton, se creía que los colores se lograban con más o menos cantidad de luz y oscuridad. Por aquel entonces se pensaba que el amarillo era luz con un poco de oscuridad, el azul luz con mucha oscuridad... A continuación, hay que mezclar colores y con ello se desmentirá esta hipótesis.

1. Tomar tres linternas y cubrirlas (con la ayuda de una goma elástica) con papel celofán de los colores rojo, azul y verde.
2. Mezclar la luz de las linternas enfocando a un mismo punto.
3. Apuntar los colores resultantes: ¿son los mismos que al mezclar pigmentos de la pintura?
4. Jugar con el cuerpo mientras se baila al ritmo de la música: ¿cómo se ve la sombra de los niños cuando las tres linternas los enfocan?

Experimento 3: descomposición de la luz blanca

A continuación, se descompondrá la luz blanca en sus diferentes colores.

1. Llenar un vaso de agua hasta el borde y acercarlo a una ventana soleada.
2. Colocar un folio blanco debajo y observar: ¿qué se ve?
3. Se puede pintar lo que se vea con acuarelas.

Experimento 1

Experimento 2.1

Experimento 2.4

Experimento 3

¡¡Trucos!!

* Experimento 2: si no tienes papel celofán, puedes lograr el mismo efecto con la ayuda de tres vasos de cristal con agua coloreada con colorante alimentario.
* Experimento 3: cuando la luz se encuentra con un cristal con superficies no paralelas (como un prisma o un vaso) se produce lo que se llama refracción: es decir, la luz se separa en sus diferentes componentes (colores) en función de su tamaño (longitud de onda), y el objeto absorbe algunas y refleja otras (como un espejo). La luz que es reflejada es la que llega a nuestro cerebro y se traduce a un color.

Un paso más:

¿Quizá ahora tengáis ganas de investigar por qué el cielo es azul y el sol parece amarillo? Os damos una pista: cuando la luz incide sobre un objeto, este absorbe una parte y refleja otra. La parte que se refleja es el color que nosotros vemos. Una manzana roja nos parece roja porque absorbe el resto de los colores y solo refleja el rojo.

En realidad, la luz blanca no solamente contiene los siete colores del arcoíris, sino también todos los entremedios y tonos, es decir, todo lo que podemos ver. ¿Los habéis visto en el experimento de descomposición de la luz?

Actividades relacionadas

Móvil arcoíris (pág. 42)
Fabricar un arcoíris (pág. 40)
Extras: imprimible «Disco de Newton»

Juego del silencio en la naturaleza

Maria Montessori inventó una maravillosa actividad para realizar con los peques: el juego del silencio. Este consiste en mantener un silencio absoluto y en ir llamando a los niños diciendo su nombre en susurros para que se levanten sin hacer el más mínimo ruido. En esta actividad se presenta una versión ideal para realizar en la naturaleza. Angeline Stoll Lillard analiza las relaciones entre la pedagogía Montessori y mindfulness en su artículo científico «Mindfulness practices in Education: Montessori's Approach». Ambas aproximaciones coinciden en la concentración, en la conexión cuerpo-mente y en tomar conciencia de los movimientos.

Materiales

> Un objeto especial para llevar al bosque (opcional)
> Una manta, un pañuelo para tapar los ojos o antifaz (opcional)

Procedimiento:

1. Caminar hasta un lugar en la naturaleza y preguntar a los niños si les apetece jugar al juego del silencio.
2. Situarnos en círculo y dejar algún objeto especial en el centro por si alguien necesita algún recordatorio para mantener la atención.
3. Ahora comienza el periodo de silencio. Al principio, serán segundos, pero poco a poco se puede llegar a aumentar el tiempo conside-rablemente.
4. A quien le apetezca puede compartir cómo se ha sentido y qué ha escuchado durante el silencio.

¡¡Trucos!!

Si deseas hacerlo en casa, prueba a bajar previamente un poco las persianas si es de día o apagar algunas luces si es de noche.

percibo, siento, pienso, hago
(sensaciones, emociones, pensamientos, acciones)

Aprendizajes invisibles

Con esta práctica es posible reconectar con nuestro ser interior y con la naturaleza que nos rodea.

Un paso más:

¿Por qué no creas tu propia meditación guiada? Al acabar, pregunta a tu hijo qué ha percibido, sentido y pensado y toma nota de lo que ha captado su atención. Ahora que habéis escuchado el bosque con todos los sentidos, podéis escribir entre los dos una meditación guiada y leerla por las noches antes de acostaros.

Variaciones:

• Caminar por la línea es otra actividad que recuerda mucho a la meditación en marcha.

Actividades relacionadas

Cilindros sonoros (pág. 48)
Música Montessori (pág. 64)

Cilindros de olores

Con esta actividad se trabajará el sentido del olfato y para ello habrá que emplear las plantas aromáticas que se sembraron en el capítulo anterior.

Materiales

> Ocho botes vacíos de especias
> Relleno: plantas aromáticas (u otros alimentos como café, chocolate, canela y clavo)
> Gomets o un rotulador permanente para marcar las parejas en la base (por debajo)

Procedimiento:

1. Si los envases son transparentes, pintarlos por dentro. Solo hace falta verter un poco de pintura dentro, tapar y sacudir enérgicamente. A continuación, dejarlos abiertos boca abajo para que se escurra el exceso de pintura.
2. Rellenar los cilindros con un par de cucharadas de las plantas aromáticas: dos cilindros con el mismo contenido.
3. Pegar un gomet (pegatina circular) o hacer una marca con un rotulador permanente en la parte inferior del cilindro (un color o forma diferente para cada pareja).
4. Opcionalmente sellarlo con silicona para poder reutilizarlo.
5. Presentar la actividad: mostrar al niño las tres o cuatro parejas de cilindros y nombrar el material. Tomar el primer cilindro, agitarlo y oler pausadamente. Dejarlo en la bandeja y repetir la operación con el resto hasta lograr emparejar los que huelen igual.

¡¡Trucos!!
Puedes utilizar especias ya preparadas en sus botecitos para realizar esta actividad.

Un paso más:
Como colofón sería muy interesante tras la actividad investigar el uso de las especias en las cocinas del mundo: ¿qué tal una sopa harira o un curry de verduras para cenar?

Variaciones:
• Cuando se lleve a cabo el juego del silencio en la naturaleza, es el momento ideal para poner en práctica esta actividad olfativa.

Aprendizajes invisibles
Con este ejercicio se desarrolla la conciencia sensorial al trabajar la discriminación por olor.

Actividades relacionadas
Cilindros sonoros (pág. 48)
Goteros de sabores (pág. 49)

Cilindros sonoros

En esta actividad vamos a fabricar cilindros sonoros y experimentar de forma sensorial con ellos. Usaremos elementos de la naturaleza, ¡así que a cazar tesoros en vuestro bosque preferido!

Materiales

> Ocho botes vacíos de especias
> Relleno: piedras, palos, arena, hojas secas
> Gomets (pegatinas circulares) o un rotulador permanente para marcar las parejas en la base (por debajo)

Procedimiento:

1. Si los envases son transparentes, pintarlos por dentro: verter un poco de pintura dentro, tapar y sacudir enérgicamente. Dejarlos abiertos boca abajo para que se escurra el exceso de pintura.
2. Rellenar los cilindros con los objetos escogidos: dos cilindros con el mismo contenido.
3. Pegar un gomet o hacer una marca con un rotulador en la parte inferior del cilindro (un color o forma diferente para cada pareja).
4. Opcionalmente, sellarlo con silicona para poder reutilizarlo.
5. Mostrar al niño las tres o cuatro parejas de cilindros y nombrar el material. Tomar el primer cilindro, agitarlo y escuchar pausadamente. Dejarlo en la bandeja y repetir con el resto hasta lograr emparejar los que suenan igual.

¡¡Trucos!!

+ Para ganar tiempo, en vez de pintar los botes se puede pegar un trozo de papel blanco por dentro.
+ Los recipientes de cristal suenan mejor, pero se puede usar cualquier tipo de envase (las botellitas de yogur líquido también van muy bien).
+ Si no se tiene acceso a tesoros naturales, también se puede usar lo que se tenga a mano en la cocina: garbanzos secos, arroz, lentejas...

Aprendizajes invisibles

Con este ejercicio se desarrolla la conciencia sensorial al trabajar la discriminación por sonido.

Un paso más:

¿Y si se aprovechan los restos de los rellenos y se pegan en unas tapas de latas de patés vacías con la ayuda de una pistola de silicona? Con un antifaz o una bolsa misteriosa se puede relacionar el sonido con la impresión táctil.

Variaciones:

• Podéis jugar al «Escucho, escucho», similar al «Veo veo» pero con sonidos.

Actividades relacionadas
Cilindros de olores (pág. 47)
Goteros de sabores (pág. 49)

Goteros de sabores

Con esta actividad se trabajará el gusto, el sentido que provoca el mayor de los placeres o el más grande de los ascos. ¿Sabes que en nuestra lengua existen receptores para cinco sabores principalmente?: dulce, agrio, picante, amargo y salado.

Cuando éramos bebés, la lengua nos servía también para explorar el mundo, era nuestro órgano sensorial más desarrollado. Ahora nos permite explorar lo que está rico y lo que no tanto.

Materiales

> Ocho goteros (si no vienen marcados, marcarlos con colores distintos)
> Relleno: líquidos (café-amargo, limón-agrio, azúcar-dulce y sal-salado, por ejemplo)
> Gomets o un rotulador permanente para marcar las parejas en la base (por debajo)

Procedimiento:

1. Rellenar los goteros con los líquidos que hayamos elegido: dos goteros con el mismo contenido.
2. Pegar un gomet o pintar una marca en la parte inferior del gotero (un color o forma diferente para cada pareja).
3. Opcionalmente, se puede usar una cuchara si son varios niños (por higiene).
4. Hacer la presentación: mostrar al niño las tres o cuatro parejas de goteros y nombrar el material: «goteros de sabores». Tomar el primer gotero con la mano dominante y con la no dominante sujetar la cuchara.
5. Introducir la cuchara con tres o cuatro gotas de la muestra en la boca y degustar pausadamente. Dejar el gotero en la bandeja y repetir la operación con el resto, emparejándolos. Después, describir las sensaciones.

¡¡Trucos!!

Más adelante, con niños mayores puedes introducir también un nuevo gotero: agua con pimienta para el sabor picante.

Un paso más:

Puedes hacer este juego con cada comida que pruebes o cocines. ¿Cómo la describirías?

Variaciones:

• ¿Te acuerdas cuando realizasteis la actividad en el bosque concentrándoos para sentir en silencio? Se puede hacer lo mismo con el sentido del gusto: masticar despacio, degustar cada bocado, ser muy conscientes de todo lo que ha tenido que suceder para que ese alimento llegue a nuestra mesa y agradecerlo. Esta práctica se llama *mindful eating*.

Aprendizajes invisibles

Con este ejercicio se desarrolla la conciencia sensorial al trabajar la discriminación por sabor (gusto).

Actividades relacionadas

Cilindros de olores (pág. 47)
Cilindros sonoros (pág. 48)

3
LENGUAJE

«La escritura no es el alfabeto. La escritura es una serie de intentos por transmitir el pensamiento de una forma práctica y permanente: su historia se remonta a miles de años. El hombre buscó primero representar los dibujos de los objetos de su pensamiento; luego simbolizar las ideas mediante unos signos; y solo recientemente ha encontrado una solución sencilla en el alfabeto. No son las ideas las que deben ser representadas por figuras, si no los sonidos que componen el lenguaje. Porque solamente el lenguaje puede representar genuinamente las ideas y el contenido de los pensamientos más elaborados. El alfabeto permite esto, porque traduce fielmente la palabra hablada.»

Maria Montessori

Uno de los procesos más fascinantes en la infancia es el aprendizaje de la lectoescritura. Siempre en continuo debate sobre cuál es la edad ideal para llevarlo a cabo, la postura en Montessori es clara: es necesario seguir al niño, pues lo contrario sería imponer nuestros prejuicios.

Aprender a leer y escribir no debería ser para los niños un hito más del currículo del curso que completar, sino un eje central: **la capacidad para dominar una forma superior del lenguaje, que se añade al del lenguaje natural con el que contamos todos los seres humanos**.

El alfabeto funciona, pues, como una llave que se gira desde el interior.

Es la **llave del conocimiento, lo que nos permite compartirlo en la distancia y dar mayor atemporalidad y trascendencia a nuestros pensamientos**. El alfabeto representa, en tanto que fue lo que simplificó el proceso de aprendizaje de lectoescritura, **la democratización de este conocimiento**. Y esto debe ser lo que tengas en cuenta a la hora de **transmitir a los pequeños la importancia de la lectoescritura**.

EL PERIODO SENSIBLE DEL LENGUAJE

Si recuerdas, los periodos sensibles son bloques transitorios de tiempo en los que el niño siente un ardiente interés por alguna parte del ambiente en particular que le es necesaria para su desarrollo. Uno de estos periodos es el sensitivo para la adquisición del lenguaje, que se prolonga desde los 0 a los 6 años, el tiempo en el que la mente del niño lo absorbe todo. De hecho, empieza incluso antes, dentro del vientre de su madre, en torno a los siete meses de embarazo.

Un bebé recién nacido dedicará la mayor parte de su tiempo a dormir o alimentarse, pero, en sus periodos de vigilia, observará muy detenidamente la boca de su madre cuando habla, y la del resto de las personas que se comuniquen con él según vayan pasando los días. Es la forma que tiene su mente absorbente, incluso a una edad tan temprana, de interiorizar cómo funciona el órgano psíquico del lenguaje.

Durante estos primeros años, desde el momento en que empieza a escuchar, el niño asimilará todos los aspectos de su lengua materna, sin esfuerzo y con gran alegría, porque es lo que la naturaleza ha preparado para él. Más tarde viene la fase intelectual, en la que aprende la pronunciación, la entonación, el acento y el vocabulario de su medio ambiente, así como la estructura gramatical.

En torno a los 2 o 3 años se produce una explosión del lenguaje: el niño comienza a aprender una gran cantidad de palabras y expresiones. A partir de esa edad, los progresos dejarán de ser tan evidentes hasta que llegue a la edad de 6 años.

En general, los niños primero descifran y luego interpretan lo que leen, por eso aprenden primero a escribir, ya que la lectura requiere una mayor capacidad de abstracción.

Para entender cómo funciona el aprendizaje de la lectoescritura en Montessori es necesario tratar previamente algunos aspectos:

- El lenguaje hablado se compone de pocos sonidos, pero distintos. El número es limitado porque dependen de las combinaciones de los movimientos de los órganos vocales.
- El límite de estos sonidos es similar para toda la raza humana, lo ilimitado son las combinaciones de sonidos: las palabras.
- El lenguaje alfabético permite representar mediante un signo gráfico cada sonido que compone una palabra. En los lenguajes fonéticos, como el nuestro o el italiano, en que la pronunciación (fonema) se corresponde con la forma escrita (grafema), es muy sencillo. Con los lenguajes no fonéticos, como el inglés, no lo es tanto (una misma combinación de letras escritas se pronuncia diferente según la palabra).

Por todo ello, **el aprendizaje de la escritura debe empezar por un análisis de los sonidos de las palabras**. Maria Montessori no era partidaria del método silábico, sino de ofrecer los signos del alfabeto y relacionarlos con los mismos sonidos que representan, ya que existe una imagen mental previa. **De esta forma es fácil que la escritura se desarrolle espontáneamente una vez que los signos alfabéticos (que son pocos) se han memorizado**.

De igual forma, a los niños se les prepara indirectamente para la lectoescritura sin tener que escribir, con todas las actividades de vida práctica previas (trasvases, por ejemplo) y el material sensorial que fomenta el uso de la pinza digital (como los cilindros con botón).

Tu papel en el proceso de lectoescritura

Debes ser consciente de que son los niños los que aprenden por sí mismos, tú tan solo les acompañas en el proceso. No les has enseñado a girarse, gatear, andar o hablar, aunque sí pusiste todo a su alcance para que ocurriera: les ofreciste mucho tiempo en el suelo, pelotas o rodaris (cilindros de madera con cascabeles en su interior) para incentivarlos a gatear, y les hablaste constantemente.

Sobre todo, tu papel es dar ejemplo de interés y de empatía. Se habla mucho de establecer un hábito de lectura, pero se puede ir un paso más allá y despertar el placer de la lectura en los niños, ayudándoles a entender la poderosa arma que es la escritura. Para eso han de verte leer y escribir a menudo e interiorizar que disfrutas el proceso. Tu objetivo no debería ser que lean, sino que se conviertan en lectores.

Además, en nuestra época, el conocimiento se transmite de otras muchas formas que no son la lectoescritura, por lo que un niño que no lee a los 7 años tiene igualmente un mundo de conocimientos a su disposición.

Tu papel en el proceso es ofrecerle, siempre de forma natural, todo el vocabulario que puedas. No se trata de leerles el diccionario, pero sí de ofrecerles entornos ricos y oportunidades para aprender palabras nuevas.

Ser consciente de cómo funciona su mente absorbente y conocer el periodo sensitivo en el que están en ese momento.

Recordar que los niños en este primer plano (6 años) aprenden a través de los sentidos y tienen una gran necesidad de independencia y exploración de su ambiente.

Desde que nacen, hay que hablarles todo el tiempo que se pueda, teniendo verdaderas conversaciones: aunque creas que no es capaz aún de entender el significado de las palabras que emites, lo hacen a su nivel.

Intentar evitar un lenguaje infantil. Hablarles igual que lo haríamos con un niño más mayor, sin utilizar expresiones como *piu piu* para designar a un pájaro o *guau guau* para designar a un perro.

Incluirle en nuestras actividades cotidianas, describir qué haces en todo momento. Por ejemplo, si estás cocinando con él presente, dile los nombres de los alimentos, etc.

Animarles a conversar contigo, escucharlos atentamente, ayudándoles a expresarse solo si te lo piden, como haríamos con cualquier otro ser humano que no hablara bien nuestro idioma. **Poseen un vocabulario pasivo más extenso que el activo (entienden más de lo que saben expresar)**. Escuchar es especialmente importante en torno a los 2 años para evitar rabietas: con ello les ayudarás a sentirse respetados y valorados, y a desarrollar el sentido de pertenencia a su familia.

Leerles mucho, todo lo que te sea posible, siempre dándoles la oportunidad de que elijan ellos los libros. No solo leer por la noche antes de acostarlo, sino en cualquier momento del día.

Cantar, hacer rimas, leer poesías. Los hermanos pequeños suelen beneficiarse de ello sin mucho esfuerzo por nuestra parte pues los mayores se encargan de que raramente el silencio reine en el hogar, pero es muy importante que lo hagamos también con nuestros primogénitos.

Disponer un hogar en el que pueda explorar sin peligro y tenga oportunidades para desarrollar su autonomía y la libertad para decidir entre opciones previamente evaluadas por ti. Así logrará autoconfianza.

Prepararles una biblioteca, a su altura, con pocos títulos, pero de calidad, adecuados a su etapa de desarrollo. Que esta sea muy atractiva para ellos, con cojines en los que apoyarse para leer e iluminación adecuada (aún no hemos encontrado un niño al que no le guste leer libros a la luz de una linterna).

Acudir a las bibliotecas públicas, ferias del libro y demás manifestaciones literarias como centro de atención.

Acudir también al campo o la playa lo máximo posible. El contacto con la naturaleza le ofrece la oportunidad de desarrollar su movimiento y coordinación y de explorar y tener nuevas oportunidades de practicar el vocabulario.

Visitar además museos y ciudades en las que la historia y la cultura sean protagonistas para que pueda tener un conocimiento adecuado del mundo que le rodea.

Resaques

Para adentrarse en el mundo de la lectoescritura se deberán trabajar dos áreas en paralelo: por un lado, la conciencia fonológica (reconocer los sonidos del lenguaje hablado, en los paseos por el campo, en el coche, en el mercado) y, por otro, el trabajo con materiales como los resaques que les ayuden a refinar los movimientos de las manos, en continuidad con las actividades de vida práctica.

En una escuela Montessori se emplean resaques metálicos (plantillas), destinados a que los niños puedan practicar los trazos que van a necesitar para escribir las letras del alfabeto. Son piezas metálicas, difíciles de reproducir en el hogar, pero, para la versión casera, se puede utilizar goma EVA de un grosor de unos 6 mm o cartón piedra.

Maria Montessori observó que los niños estaban interesados en rellenar figuras y por ello creó los resaques metálicos. Con ellos los niños podían practicar el uso del lápiz sin tener que escribir: realizan una serie de movimientos repetitivos que, si se hicieran solo copiando letras en papel, serían muy aburridos. Al hacerlos con los resaques de una forma más libre y creativa, les resulta mucho más apetecible. Sin contar con que el resultado final es una preciosa obra de arte.

Materiales

> Goma EVA o cartón piedra
> Cúter
> Pintura y pincel
> Pomos, embellecedores o chinchetas americanas
> Pistola de pegamento o silicona caliente
> Recortes de papel con forma de cuadrado

Procedimiento:

Fabricación:

1. Imprimir y trazar las formas sobre las planchas de goma EVA (o cartón piedra) ya preparadas en cuadrados de unos 10 cm de lado.
2. Repasar para marcar y después repasar con lápiz para remarcarlo.
3. Recortar las planchas con un cúter, prestando especial atención al cuatrifolio, que es la pieza más compleja.
4. Pintar los marcos con un color y los resaques con otro, de forma que destaquen sobre el papel.
5. Pegar un pomo o embellecedor para tomar los resaques haciendo la pinza con los dedos. Si el material es lo suficientemente grueso, el pomo puede ser una chincheta americana (de las que tienen la cabeza en forma de cilindro) bien pegada (¡no queremos que se desprenda!).

¡¡Trucos!!

+ A la hora de preparar el papel, recortar un folio en dos y doblar la parte superior para hacer un cuadrado (luego se pueden colgar de esa parte sobrante con una cuerda). También se les puede ofrecer papel de distintos colores.
+ Usar los resaques con lápices de colores, pues se emplea la misma sujeción que con el lápiz de grafito (para escribir).

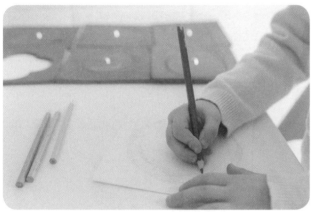

Aprendizajes invisibles

Este material se usa como preparación para la lecto-escritura. Su objetivo es ayudar a los niños a sostener correctamente el instrumento de escritura y desarrollar habilidades motrices finas al tiempo que practican la concentración y desarrollan su creatividad.

Presentación:

1. Utilizar una bandeja pequeña, el resaque y dos pinturas.

2. Tomar con la mano dominante el marco y depositarlo encima del papel ya cortado en forma de cuadrado del mismo tamaño que el marco.

3. Con la mano no dominante sujetar el marco contra el papel y con la dominante tomar el lápiz con los dedos.

4. Repasar el marco exterior del resaque con una de las pinturas. Luego hay varias opciones:

    a. Colorear dibujando rayas pequeñas paralelas sin levantar el lápiz del papel, lo más juntas posible, con otro color.

    b. Utilizar los marcos exteriores para formar nuevas figuras geométricas combinando los mismos marcos en distinta dirección (o marcos diferentes) y colorearlo después.

    c. Repasar la silueta del interior del marco con un color, retirarlo y colocar encima el resaque de la misma forma, y después trazar el contorno del resaque con otro color, de manera que ambas líneas se solapen.

Un paso más:

El siguiente paso, muy creativo, consiste en utilizar los resaques, combinados unos con otros (uno «encima» del otro), para crear preciosas formas y dibujos.

Variaciones:

• Si no tienes tiempo para hacer estos resaques, siempre puedes ofrecer a los peques todo tipo de formas que puedan trazar: vasos, moldes para el horno, servilleteros, moldes/cortadores para galletas...

Extras: plantilla descargable «Resaques»

Recortar con tijeras + collage

¿Sabes que nuestros antepasados podían cortar cosas sin tijeras? Durante el Paleolítico, nuestros ancestros aprendieron a fabricar bifaces, herramientas hechas con piedra tallada que usaban para cortar, cavar, raspar o perforar. Primero emplearon piedras para cortar cosas, los primeros protobifaces, que eran tan fáciles de hacer que no se los llevaban consigo, sino que partían nuevas piedras in situ. Después se dieron cuenta de que, si primero tallaban por un lado y después por el otro, la herramienta era mucho más prác-

tica. Tallarla les llevaba un tiempo, así que en esta ocasión sí que las conservaban, pero pesaban demasiado. Finalmente, aprendieron a golpear las piedras de forma que solo usaban las lascas, como si fueran el filo de una navaja, o dos filos, como el de las tijeras actuales. Tuvo que pasar mucho tiempo hasta que los seres humanos aprendimos a fundir y usar los metales y entonces, entre otros muchos utensilios, alguien creó las tijeras, con las que hoy en día se pueden elaborar preciosas creaciones.

Materiales

> Tiras de papel preparado para recortar, tijeras, trapo y un cuenco. Pegamento y pincel.

Aprendizajes invisibles

Con esta actividad los niños mejoran la coordinación mano-ojo, practican habilidades motrices finas como la preparación a la lectoescritura y dan rienda suelta a su creatividad.

Procedimiento:

1. Imprimir tiras de papel para que los peques las recorten (también se pueden pintar las líneas que recortar).
2. Ofrecer a los niños una bandeja con un vaso con las tiras preparadas para cortar, otra bandeja para hacer los recortes, las tijeras en otra bandeja más pequeña y un cuenco donde puedan recoger los recortes, que se podrán utilizar más tarde.
3. Siéntate a su lado y muéstrales cómo empuñar las tijeras con la mano dominante y mientras sujetas el papel con la no dominante. Exagera el movimiento de abrir y cerrar. Con cuidado, pásales las tijeras, cerradas con la punta hacia dentro. ¡Y siempre sujetándolas con toda la mano!
4. Cuando los peques hayan recortado suficientes trocitos, anímalos a pegarlos en un papel, sacando una nueva bandeja, con un poco de pegamento, pincel y un trapo.

A veces se es excesivamente cauto a la hora de ofrecer tijeras a los niños: piensas que se pueden lastimar, pero, en realidad, usar unas tijeras sin filo que no cortan es más peligroso que unas tijeras «de verdad» bajo tu supervisión. Y las tijeras sin filo pueden no solo lastimar físicamente, sino también emocionalmente pues aparecerá la frustración. Hay que ofrecer a los niños el nivel de reto adecuado, ni demasiado fácil (el niño se aburre) ni demasiado difícil (se frustra), y usar unas tijeras ya es de por sí una actividad complicada, no hay que complicarla innecesariamente. Se pueden establecer unos límites con los que el adulto se sienta cómodo: al principio las tijeras «buenas» solo se usan con un adulto delante; cuando no se emplean, se dejan sobre la mesa (no se corre ni se juega con ellas); y, si hay que pasárselas, deberán estar cerradas y con la punta hacia dentro (otra opción aún más segura es no pasarlas de mano en mano sino dejarlas en la mesa y que la otra persona las coja de esta).

Con esta actividad, los niños refinarán los movimientos de las manos de una forma muy creativa.

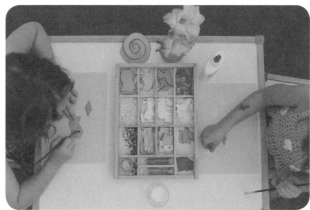

Un paso más:

Puedes preparar una caja para hacer collages, donde los peques podrán ir recopilando todos sus «desechos» (mondas de lápices, trozos de papel, telas, hojas o flores secas) para después enriquecer sus creaciones artísticas.

Si tienes catálogos de tiendas (de muebles, de ropa...) no los tires. Recortando los objetos, el niño podrá crear luego minimundos de collage.

Variaciones:

- Con el tiempo, puedes también ofrecerles un punzón o un cúter para recortar, incluso una guillotina que sea segura para los niños.
- ¿Qué tal si aprendéis a recortar muñecos de papel?

¡¡Trucos!!

Es importante usar unas tijeras adecuadas: compra una talla correcta para tu hijo y, si es zurdo, adquiere unas especiales. Con el paso del tiempo puede acostumbrarse a usar las tijeras estándar si no tiene para zurdos, pero al principio debes ponérselo lo más fácil posible.

Letras rugosas

Las dos actividades anteriores estaban encaminadas a sujetar correctamente el instrumento de escritura: el lápiz. En esta ocasión el reto será superar la dificultad de dibujar las letras del alfabeto.

En la búsqueda por encontrar formas de comunicación con el fin de expresar aquello que considera importante, el ser humano comenzó a dibujar pictogramas, símbolos que describen una situación o que comunican un mensaje. Con el tiempo, se descubrieron formas más precisas para la expresión: la escritura cuneiforme, los jeroglíficos, la escritura hierática y la demótica, hasta que los fenicios tuvieron la feliz idea de crear símbolos para cada sonido. Los humanos han desarrollado cientos de alfabetos diferentes y muchos de ellos se siguen usando en la actualidad.

Para adentrar a los niños en el mundo del alfabeto, se emplearán las letras de lija, que permiten repasar las letras con el dedo como si se escribiesen en papel, uniendo la memoria visual (al ver la letra), la memoria sensorial (al tocarla) y la memoria muscular (al trazarla).

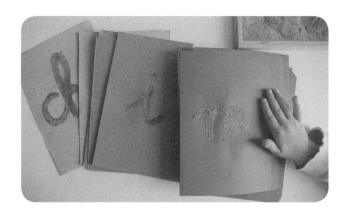

Aprendizajes invisibles

Este es un material básico para desarrollar la conciencia fonológica (cómo suenan las letras) y adentrarse en la escritura y el reconocimiento de los símbolos del alfabeto (las letras).

Materiales

> Cartulina
> Pegamento
> Arena de playa o río
> Colador o tamiz

Procedimiento:

Fabricación:

1. Preparar cartulinas de color rojo para las consonantes, azul para las vocales y verde para los dígrafos.
2. Preparar arena de playa o río. Filtrarla para conseguir una arena fina y sin basura.
3. Con un lápiz dibujar la letra en la cartulina, centrada, y, con un pincel, nosotros repasaremos la letra con pegamento o el niño si tiene la habilidad suficiente.
4. Sin demora, depositar la letra en una bandeja y pedir a los peques que la cubran con arena, ayudándose con una jarrita o sus dedos. Dejar secar.
5. Recoger la arena de la bandeja en la jarrita. Y repetir el proceso con todas las letras.

¡¡Trucos!!

+ Cuando se nombran las letras, hay que emitir su sonido en lugar de decir su nombre. Por ejemplo, para la s no decimos ese, sino que hacemos el sonido sssssss.
+ No hay que presentar todo el alfabeto de golpe, sino de tres en tres o de cuatro en cuatro para no saturar al niño.
+ Si al acabar una lección parece que el niño no ha sabido reconocer las letras que se le han presentado, es normal. Hay que continuar con tres letras diferentes, ¡hay muchas en el abecedario!, y, cuando llegue el momento, las reconocerá todas.

Presentación

Preparar una bandeja con arena y un tapete para depositar las letras y la bandeja. Para presentarles las letras se utiliza la lección de tres periodos:

> PERIODO 1: Percibir las sensaciones que nos aportan la vista y el tacto asociándolas con los sonidos del alfabeto. Adulto: «(Esta es la) "i", (esta es la) "e". (Tócalas)».

> PERIODO 2: Comparar y reconocer las formas cuando el niño escuche el sonido correspondiente. Adulto: «Dame la "i", dame la "e"».

> PERIODO 3: Saber cómo pronunciar los sonidos correspondientes a las letras del alfabeto. Adulto: «¿Qué letra es esta?». Niño: «La "i", la "e"».

A continuación, anímalos a repasar las letras con el dedo índice y a trazarlas luego sobre una bandeja de arena.

Un paso más:

Para acompañar las letras rugosas se pueden moldear churros de plastilina y con ellos «dibujar» las letras. Después de trabajar una letra, una buena idea es jugar a buscar objetos (físicos) o palabras (en la mente) que empiecen por la letra o que la contengan, o que acaben...

Una visita a algún museo donde haya jeroglíficos egipcios o unas pinturas rupestres puede dar pie para investigar el origen del lenguaje escrito.

Cuando el niño domine un tipo de letra se puede introducir otro y jugar a emparejarlas.

Variaciones:

• Escribir una letra con tiza sobre una piedra plana y luego ofrecer al niño un pincel y un recipiente con agua para que repase la letra con el dedo y luego la borre con el pincel húmedo.

• Usar la espalda de pizarra: el niño escribe una letra presionando con el dedo en la espalda del adulto y este tiene que adivinarla, y luego intercambiar los papeles.

⬇

Actividades relacionadas
Libro de sonidos (pág. 62)
Extras: plantilla «Alfabeto»

Libro de sonidos

Fabricar un libro de sonidos con fotos es un bonito juego para hacer en familia: permitirá trabajar la conciencia fonológica y comenzar la lectoescritura. Puedes fabricarlo con las cartulinas del alfabeto de lija, o escribir las letras en nuevas cartulinas.

Materiales

> Fotos o dibujos de objetos
> Cartulinas
> Taladradora para agujeros
> Arandelas para encuadernar
> Rotuladores

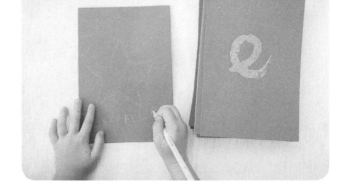

Procedimiento:

1. Para cada objeto, se deberán escribir todas las combinaciones de letras que generan su primer sonido (fonema inicial). Por ejemplo, para una imagen de un balón, se escribirá B/V (usando la tipografía con la que el niño se sienta más cómodo: caligrafía, imprenta simplificada...). Y así con todos los fonemas iniciales.
2. Para crear el libro, emplear un método de encuadernación simple: anilla, fástener, hilo o el cuaderno-palo que os explicamos en la página 138.

Aprendizajes invisibles

Con esta actividad el niño desarrolla la conciencia fonológica (los sonidos que forman las palabras).

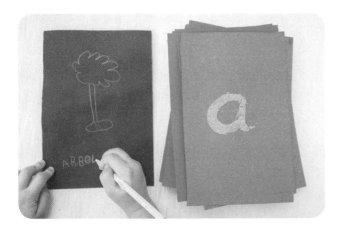

¡¡Trucos!!

+ Si se emplean fotos u objetos encontrados durante un paseo por el campo, será una buena excusa para estar, una vez más, en contacto con la naturaleza.
+ Otra opción es usar objetos de catálogos de ventas.

Un paso más:

En esta actividad se trabaja la conciencia fonológica, por lo que hay que centrarse únicamente en los sonidos, la ortografía vendrá más adelante, paso a paso. Cuando se trabaje una palabra (pelota), hay que animar al niño a reconocer y articular todos sus sonidos (p-e-l-o-t-a). Ayúdale pronunciando tú también todos los sonidos de forma muy clara.

También podéis jugar a partirla en sílabas (pe-lo-ta) al tiempo que hacéis palmas (o cualquier otra acción) en cada sílaba. Así se explorará la conciencia silábica.

Luego se pueden buscar palabras que rimen: pelota-bota. De este modo, se pone el énfasis en los fonemas finales y con ello se descubre que jugar con las palabras ¡puede ser realmente divertido!

Por último, una variante muy entretenida es jugar al «Veo, veo» con sonidos. Por ejemplo, se puede decir: «Veo una cosa que empieza por sssssss».

Actividades relacionadas
Letras rugosas (pág. 60)

Música Montessori, otro lenguaje

La música es un lenguaje más, a medio camino entre la palabra y la matemática. Provoca grandes emociones, recuerdos, sentimientos y conecta a las personas. Nos impulsa a bailar, cogernos de las manos y sentir que somos parte de un todo, que pertenecemos y contribuimos de algún modo a este mundo.

En las escuelas Montessori hay un material específico con el que los niños aprenden a tocar música al igual que aprenden el lenguaje oral. No es fácil contar con este tipo de material en casa, pero sí es posible ofrecer música a los peques, ya sea mediante instrumentos reales o creando el material que se presenta en esta actividad.

Materiales

> Agua, colorante alimentario, botellas de cristal.

Procedimiento:

La escala musical es una actividad muy bonita y vistosa, en la que se trabaja tanto la vida práctica como los sentidos.

1. Llenar las botellas de forma que el nivel del agua forme una escalera. Una botella prácticamente llena, la siguiente un poco menos, la siguiente aún menos... hasta la última, que tendrá solo un poco de agua. Marcar primero el nivel de agua en las botellas con rotulador y luego llenarlas (trasvase con jarra).

2. De forma opcional, añadir colorante alimentario. En esta actividad se ha agregado a cada botella uno de los colores del arcoíris. ¿Cómo tenemos que mezclar los colorantes alimentarios para lograrlo?

3. Por último, tapar las botellas (otra lección de vida práctica) y con una pajita metálica, cuchara o similar dar pequeños golpes en las botellas para poder apreciar la escala musical.

Un paso más:

Recopilar música del mundo, con libros y CD, es también una bonita oportunidad para llevar a cabo una introducción a la educación musical en casa.

No te quedes solo con la escala, invita a tus hijos a fabricar más instrumentos. Hay una actividad específica para ello (véase página 160, «Instrumentos naturales»).

Variaciones:

• Una pared musical, donde colgamos ollas viejas, sartenes, palos... para que los niños puedan crear música golpeándolos. Puede ser una preciosa (y ruidosa) alternativa si se cuenta con un espacio adecuado.

Actividades relacionadas

Instrumentos naturales (pág. 160)
Fabricar un arcoíris (pág. 40)
Disco de Newton (pág. 44)

Aprendizajes invisibles

Con esta actividad el niño escucha y disfruta de la música y empieza a identificar las distintas notas de una melodía.

Alfabeto móvil

El alfabeto móvil es una manera ideal para iniciar a los niños en el proceso de lectoescritura, pues les permite formar las palabras. El gran éxito de esta actividad radica en poder dar a los sonidos una forma visible y manipulable. Permite construir todas las palabras que el niño pueda imaginar, simplemente deletreando sus sonidos, y de esta forma descubre su propio lenguaje, construye su propio aprendizaje.

La otra ventaja del alfabeto móvil es poder representar palabras sin tener que «escribirlas», es decir, sin lápiz ni papel. El niño se prepara para escribir, compone palabras continuamente, pero no las escribe realmente, lo que le resta dificultad y le permite concentrarse en la tarea de componer.

Materiales

> Letras de madera de la sección de manualidades (normalmente en la sección de *decoupage* o *scrapbook*)
> Colorante alimentario azul y rojo
> Bandejas desechables de alimentos o cualquier otro recipiente para reciclar
> Agua y sal para fijar mejor los colores (opcional)

Procedimiento:

Fabricación:

1. Con la ayuda del niño, separar vocales de consonantes y aprovechar para nombrar su sonido (el fonema, no el nombre de la letra).
2. Preparar agua con mucho colorante rojo en un recipiente y azul en otro.
3. Echar las vocales en el recipiente con líquido azul y las consonantes en el rojo.
4. Esperar entre 12 y 48 horas.
5. Retirar las letras y secarlas sobre papel absorbente.

Presentación:

Con el alfabeto, se podrán dar los primeros pasos para formar palabras y leerlas, veremos cómo en la actividad de primeras palabras.

Aprendizajes invisibles

Este es un material básico que permitirá a los niños componer palabras fácilmente, por lo que es una gran herramienta para el desarrollo de la lectoescritura.

Un paso más:

Se pueden construir letras con piezas de plástico, magnéticas o recortarlas con plantillas, como se muestra en <http://3macarrons.com/construimos-letras/>.

Podemos pintar las letras una a una con pintura acrílica o con acuarelas si queremos que se vea la veta de la madera.

¡¡Trucos!!

Para teñir las letras hay que emplear colorante alimentario, aunque también podría servir témpera líquida o diluida.

Actividades relacionadas

Primeras palabras (pág. 68)

Tarjetas tres partes

Las tarjetas tres partes son sets de tarjetas que se usan para aprender una nomenclatura específica: animales, tipos de frutas, las partes de un coche... Cualquier cosa por la que el niño muestre interés puede plasmarse en tarjetas tres partes.

Toma, por ejemplo, las tarjetas tres partes de animales del mundo que encontrarás en el bloque del mundo natural. En ellas se incluyen imágenes (fotos) de animales y para cada uno de ellos hay tres tarjetas:

• Una tarjeta control con la foto del animal y su nombre escrito debajo.

• Una tarjeta con solo la foto del animal.

• Una tarjeta más pequeña (letrero) con solo el nombre escrito.

De esta forma, si se coloca la tarjeta de la foto sobre el letrero (la suma de ambas), es igual a la tarjeta control.

Materiales

Para fabricarlas:
> Fotos, plastificadora

Para las presentaciones:
> Una bandeja, un tapete o alfombra, una cesta y un set de tarjetas

Aprendizajes invisibles

Las tarjetas tres partes ayudan a introducir nuevo vocabulario al tiempo que facilitan el aprendizaje de la lectura.

Presentación:

Opción 1: Solo tarjetas control
Se usan siguiendo la lección en tres periodos (véase página 61).

Opción 2: La carta de control al principio
1. Colocar las tarjetas de control en la parte izquierda de la bandeja, una debajo de la otra, y dejar el resto en el cesto al lado de la bandeja.
2. Tomar las tarjetas con foto y emparejarlas con las que ya están en la bandeja.
3. Tomar los letreros y colocarlos en su lugar.

Opción 3: La carta de control al final (cuando el niño ya empieza a leer)
1. Colocar las tarjetas con solo la foto en la parte izquierda de la bandeja, una debajo de la otra, y dejar el resto en el cesto, al lado de la bandeja.
2. Tomar un letrero, leerlo y colocarlo bajo la foto correspondiente. Repetir con el resto de los letreros.
3. Después, coger las tarjetas de control y comprobar que las fotos y los letreros se corresponden.

¡¡Trucos!!

Fabricación:

+ Usar fotos donde salga el objeto entero, a poder ser con fondo blanco (o lo más neutro posible).

+ Intentar que las imágenes de un set (de frutas, por ejemplo) sean proporcionales a los tamaños reales (que no haya una cereza más grande que un melón)

+ Usar la fuente que se considere más adecuada para el niño. En Montessori se empieza por letra caligráfica pero muchos colegios lo hacen con letra de imprenta simplificada o con mayúsculas.

+ Es posible imprimir en papel normal o cartulina. Si se desea diferenciar los sets, se puede pegar un papel de color por la parte trasera de forma que haga un marco (un color para cada set de cartas).

+ Como su nombre indica, la tarjeta de control sirve para el control del error, pero si se prefiere, se puede pegar un gomet o hacer una marca del mismo color por la parte trasera de las tres tarjetas.

Presentación:

+ Cuando las tarjetas no se usen, se pueden guardar por sets en un sobre. Recuerda que si las dejas al alcance del niño, podrá usarlas siempre que quiera.

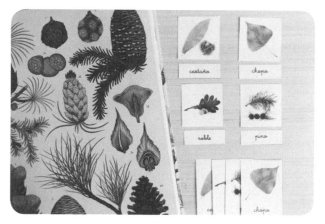

Un paso más:

Cuando los niños ya saben leer, se puede añadir a la actividad una tarjeta de definiciones, con lo que el material para el juego será:

• Una tarjeta con la foto.
• El letrero con el nombre escrito.
• Una tarjeta con una definición/información relativa a la foto (que no incluye la palabra en cuestión).
• Un libro de control en el que las tres partes están unidas (lo pueden hacer los propios niños).

Extras: al final del libro y en la web tienes varios sets de tarjetas tres partes para poder empezar de forma fácil.

Primeras palabras

Ahora el niño o la niña ya está en proceso de superar la doble dificultad de la lectoescritura: una física (trazar las letras del alfabeto) y otra intelectual (componer las palabras del lenguaje oral). Seguramente, al seguir estos pasos, lo haya hecho sin apenas esfuerzo y con gran diversión.

La lectura de lenguajes fonéticos (como el español o el catalán) empieza a surgir de forma espontánea con el uso del alfabeto móvil. Primero el niño codifica (escribir) y luego decodifica (leer). Como el código (relación símbolo-sonido) es constante, resulta más fácil que los lenguajes no fonéticos (como el inglés) y se hace de forma orgánica. Y de este modo, se llega al último paso: adentrarse en la lectura con la ayuda del alfabeto móvil.

¡¡Trucos!!

+ Sabrás que es buen momento para presentar el alfabeto móvil al niño cuando este reconozca la mayoría de las letras (usando las letras rugosas), pero lo más importante es que sigas su ritmo, él te lo hará saber.

+ En esta actividad se continúa trabajando la conciencia fonológica, por lo que cuando se nombran las letras, se deberá emitir su sonido en lugar de decir su nombre. Por ejemplo, para la «s» no se debe decir «ese», sino emitir el sonido sssssss.

Materiales

> Alfabeto móvil
> Objetos o fotos que representan palabras simples (imprimibles)

Presentación:

1. Preparar objetos (o fotos) de palabras de tres letras (se pueden usar las del imprimible) y por el otro un alfabeto móvil (véase página 65). El niño elige uno de los objetos/fotos. Por ejemplo, sol.

2. Decir al niño: «Ahora vamos a formar la palabra "sol". ¿Puedes decirme el primer sonido, sssss? ¿Puedes encontrar la "s" en el alfabeto?», y colocarla sobre la alfombra o tapete.

3. Decir al niño: «Ahora que tenemos la sssss, necesitamos encontrar el siguiente sonido sssssooooooooooollllllllll. ¿Cuál es el siguiente sonido? La "o", ¿Puedes encontrarla?», y colocarla sobre el tapete.

4. Puede que el niño se salte el sonido central y vaya directamente al tercero. Entonces poner un hueco entre ambas letras y decir: «Sssssssssssss llllllllllll. ¿Qué letra falta en este hueco? La "o". ¿Puedes encontrarla? Ahora sí, sssss ooooo lllll».

5. Repetir la secuencia con el último sonido.

6. Después de este primer ejercicio, repetirlo con otras palabras de la misma familia de sonidos, por ejemplo, col, son...

7. Repetir el proceso con otra familia de sonidos.

Aprendizajes invisibles

Con la ayuda del alfabeto móvil, los niños se inician en la escritura y la lectura. De nuevo, en esta actividad se usan estímulos multisensoriales (visual al ver las letras, táctil al tocarlas, auditivo al articular los sonidos) para que la información se integre con mayor facilidad.

Un paso más:

Cuando el niño empiece a pronunciar los sonidos de las letras que forman una palabra, es el momento de animarle a juntarlos con asiduidad, de manera que con la repetición y el aumento de la velocidad en la emisión de sonidos, lea la palabra completa casi sin darse cuenta.

Cuando la lectura empiece a fluir, ha llegado el momento de jugar con la lectura en lugar de con la escritura. Se deberá ofrecer al niño un letrero (una palabra escrita) para que la lea, busque la foto del objeto y la escriba con el alfabeto móvil.

Cuando ya controle las palabras de tres letras, se puede preparar un taco de imágenes de palabras comunes para que siga el proceso de lectoescritura. Se deberá incrementar progresivamente el número de letras de una palabra.

Variaciones:

- El alfabeto móvil es una actividad muy versátil, te animamos a que la incorpores en vuestro día a día cuando veas ocasión. Si tu hijo pregunta cómo se escribe una palabra, qué dice ahí (señalando una palabra escrita), aprovecha y usa el alfabeto móvil para que él mismo pueda encontrar respuestas.
- Podéis jugar al «Veo, veo» con el alfabeto móvil. En vez de darle una pista visual, ofrécele la primera letra de la palabra (por ejemplo, una «s» si lo que tiene que adivinar es silla), y, al tiempo, pronuncia el sonido ssss. El niño buscará a su alrededor objetos que empiecen con «s» o pedirá otra pista. En este caso, dale una «i» del alfabeto móvil, luego una «l»... hasta que lo adivine, ¡silla!
- Podéis jugar a clasificar las letras por tamaño: las pequeñas (a, c, v, o, m...), las que se estiran por la parte superior (b, l, t, k, h...) y las que lo hacen por la inferior (g, q, p...).
- También podéis jugar a emparejar las letras rugosas con las del alfabeto móvil.

Actividades relacionadas

Alfabeto móvil (pág. 65)

Extras: imprimible «Primeras palabras»

4
MATEMÁTICAS

«En veinte años de amplia e ininterrumpida experiencia, ninguna disciplina consiguió en nuestras escuelas entusiasmar a los niños tanto como la aritmética, ni en ninguna disciplina hemos alcanzado progresos tan sorprendentes como los alcanzados en el campo de las matemáticas.»

Maria Montessori

Conocemos muchos adultos que tuvieron muchas dificultades a la hora de aprender matemáticas y se han reenamorado de ellas cuando han entrado en contacto con el método Montessori. Parte del éxito se debe al magnífico material que ideó su fundadora, siempre partiendo de lo concreto hacia lo abstracto. Cada material está perfectamente coordinado con el anterior y el siguiente, de forma que el paso a la abstracción se produzca de manera gradual, y que implique la dificultad justa para el pequeño, ni demasiado difícil como para que se frustre, ni demasiado fácil como para que se aburra.

Pero las matemáticas son mucho más que estos materiales, las matemáticas forman parte de nuestra vida cotidiana. Y, si nos fijamos, veremos que las matemáticas han estado presentes en gran parte de las actividades vistas hasta ahora.

Las matemáticas están en todas partes, no tienen por qué tener forma de número. Puedes explicar a los peques que, cada vez que beben un vaso de agua, están haciendo matemáticas: algunas personas han tenido que realizar ciertos cálculos para que llegue el agua corriente a casa, otras han medido con un metro la altura a la que han puesto el grifo para poder llenar el vaso de agua. Ese vaso, dependiendo de si han tomado uno pequeño o uno grande, tendrá cierto volumen y llenarlo sin que se derrame el agua es también un ejercicio de precisión que puede traducirse en números.

Cuando un niño o una niña realizan ejercicios de vida práctica, a la vez se preparan indirectamente para las matemáticas. Exactamente igual ocurre con los ejercicios de sensorial, especialmente cuando se practica el orden y la concentración. Y tanto unos como otros también ayudan a los niños a desarrollar el pensamiento crítico, muy necesario para el estudio de las matemáticas, y el trabajo autónomo a través de la secuenciación.

De esta forma, cuando un niño de 4 o 5 años empieza a interesarse de forma entusiasta por las matemáticas, es solo la punta del iceberg de un aprendizaje del que se ha estado impregnando durante toda su corta vida. Las matemáticas son más evidentes en un aula Montessori, pues siempre tienen un propósito indirecto, pero en casa también puedes promover este conocimiento: en el libro encontrarás nociones básicas (de geometría, de aritmética...) pero otra forma deliciosa de aprender matemáticas es cocinar siguiendo una receta (sobre todo en cuanto a las medidas).

En un aula Montessori lo primero que aprenden los niños son las cantidades del uno al diez (por ejemplo, que diez piedras son diez), luego los símbolos numéricos (los números) y finalmente asocian cantidades y símbolos (que el número 10 se llama diez y equivale a diez piedras).

Todo ello se lleva a cabo de una forma sistemática, pasando de lo más sencillo a lo más difícil, de lo más concreto a lo más abstracto. Después se introduce el sistema decimal y finalmente, aunque ya será parte de la vida cotidiana del niño, las cuatro operaciones básicas: suma, resta, división y multiplicación.

¿Cómo iniciar a los peques en las matemáticas?

A través de ejercicios preliminares, que los preparen para lo que viene a continuación, como por ejemplo:

- Trabajar la correspondencia uno a uno.
- Leer libros de contar.
- Cantar canciones.
- Repartir y clasificar.
- Trabajar secuencias y patrones o series.

Sería preciso todo un libro para abordar estos temas, así que las siguientes páginas tan solo son una pequeña muestra del potencial matemático del método Montessori. Hemos decidido hacerlo más sencillo, pues hay que recordar que una casa no es una escuela.

Todos los niños se sienten atraídos por las matemáticas de forma innata, pues les ofrecen un sistema de referencia para dar orden y sentido a su entorno. Mediante el juego, el niño integra los primeros conceptos matemáticos y, al mantener esta actitud curiosa e inquisitiva intacta, se logra que las matemáticas se acaben usando como una herramienta para la vida.

Durante sus primeros años, los niños viven en un mundo de pensamiento concreto, por lo que sus experiencias deben basarse en objetos reales, objetos que puedan tocar, ordenar, clasificar, contar... Es importante recordar que, al principio, los conceptos matemáticos se aprenden mediante la manipulación, pues un número escrito en un papel no tiene significado para un niño. Es por esto que Maria Montessori decía que las manos son el instrumento de la inteligencia humana, puesto que permiten al pequeño entrar en contacto y establecer relaciones con su entorno. A diferencia de la memorización, la manipulación conlleva implicación y emoción, por lo que la retención y la integración de información se lleva a cabo de forma orgánica.

En nuestro día a día tenemos numerosas oportunidades para contar, ordenar, clasificar, y secuenciar. Te animamos a sacar tu yo más juguetón y aprovecharlas todas.

Huevera y nueces

La correspondencia uno a uno es un concepto matemático clave y en esta actividad se abordará mediante un sencillo juego. Necesitas una huevera y nueces, castañas o algo que los niños puedan tomar con sus manos.

Materiales

› Huevera y frutos secos (nueces, castañas)

Aprendizajes invisibles

Con este juego, los niños están trabajando un concepto matemático imprescindible: la correspondencia uno a uno, que consiste en emparejar un elemento de un conjunto con otro elemento de otro conjunto.

¡¡Trucos!!

Si encuentras una huevera de diez huevos, será ideal para interiorizar el sistema decimal. Si usáis unas pinzas para manipular los frutos secos, trabajaréis también la motricidad fina y la coordinación mano-ojo.

Procedimiento:

1. Disponer una cestita con las nueces (o las castañas) y una bandeja con la huevera.
2. Animar al niño a que disponga una nuez en cada hueco.

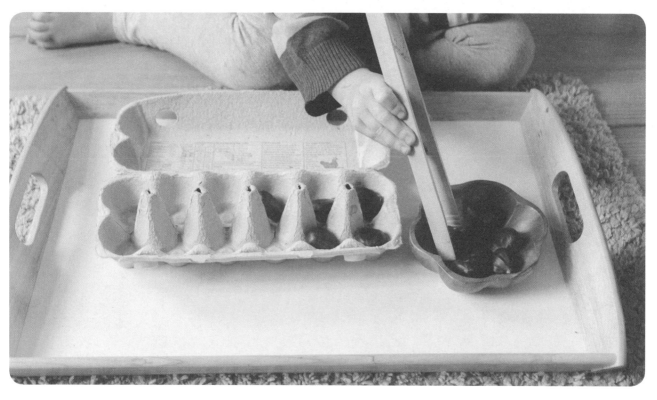

Clasificación de tesoros naturales

En el apartado de sensorial ya se propuso una actividad de clasificación. Ahora llega el turno de clasificar por tamaños con unos pocos objetos o tesoros naturales que hayáis encontrado en vuestros paseos por la naturaleza, que generalmente los niños quieren llevarse a casa.

Materiales

> Tres cestas, tarjetas y objetos recogidos en un paseo por el bosque

Procedimiento:

1. Ofrecer tres cestas a los niños, con tres tarjetas con símbolos para los distintos tamaños: grande (con un círculo grande), mediano (con círculo mediano) y pequeño (con círculo pequeño).
2. Pedir a los niños que clasifiquen los objetos según su criterio.
3. Después disponer las cestas encima de un tapete o incluso hacerles alguna foto.

Aprendizajes invisibles

Como hemos dicho en varias ocasiones a lo largo del libro, durante los primeros 3 años, la mente de los niños y niñas es absorbente de manera inconsciente. En la siguiente etapa, de 3 a 6 años, sigue siendo absorbente, pero ahora es consciente y necesita ordenar los conceptos de los que se ha impregnado en la etapa anterior. Clasificar es ordenar el mundo.

Un paso más:

Es posible llevar a cabo esta actividad clasificando los objetos según otro criterio: por peso (con una báscula), por color, por tipo de reino (animal o vegetal).

Se puede jugar a hacer patrones simétricos. Para ello necesitarás pares de tesoros (dos piñas, dos plumas, dos piedras...). Emplea una cuerda para separar el espacio en dos mitades y coloca unos pocos tesoros en el lado izquierdo para que el niño reproduzca la composición en el lado derecho.

¡¡Trucos!!
Podéis usar también objetos de casa.

Variaciones:
- Realizar la actividad con los ojos cerrados, con pinzas o con la mano no dominante.

Actividades relacionadas
Coleccionar, organizar y clasificar tesoros naturales (pág. 122)
Naturaleza preservada (pág. 116)

«Listones» Montessori con cuerdas

En los materiales del método Montessori hay dos tipos de listones: los sensoriales (de color rojo) y los numéricos (bicolores). Hemos decidido emplear para esta actividad un material portátil, ideal para llevar a los paseos por la naturaleza y que, aunque no es tan preciso como los listones rojos, puede dar mucho juego.

Materiales

> Cuerda, rotuladores de tela, metro, cúter y mechero
> Números impresos o escritos en cartones

Aprendizajes invisibles

Para los niños, el número es un concepto muy abstracto, puesto que a la vez representa la cantidad, una palabra oral y una cifra escrita. A través del uso de este material manipulativo podrán superar esta abstracción, pues no aprenderán tan solo a contar recitando los números, sino que interiorizarán las cantidades según su tamaño y seriación.

Si recuerdas, el aprendizaje de las matemáticas en el método Montessori tiene tres fases:

1. Primero se produce el aprendizaje de las cantidades del uno al diez

2. Después se produce el aprendizaje de los símbolos que representan esas cantidades.

3. Y por último se asocian ambos aprendizajes: cantidades y símbolos escritos, en tres pasos:

    • Número oral-cantidad (decir 3, mostrar tres piedras).

    • Número oral-símbolo escrito (decir 3, mostrar tres de madera).

    • Número escrito-cantidad (mostrar un 3 de madera, mostrar tres piedras).

Con estos «listones» portátiles y flexibles se trabajarán el primer y el segundo paso. El tercero se trabajará con las cifras de la siguiente actividad (cifras rugosas).

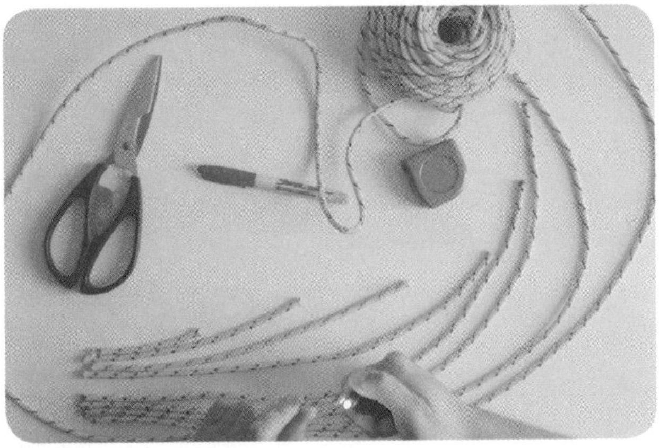

Procedimiento:

Fabricación:

1. Medir segmentos de 10, 20, 30, 40, 50, 60, 70, 80, 90 y 100 cm y marcarlos con un rotulador de tela.

2. Cortarlos quemando con cuidado los extremos para que no se deshagan.

3. Tomar de nuevo el metro y dividir los listones en trozos de 10 cm. Luego, marcarlos para diferenciarlos.

Presentación:

Los listones se pueden presentar junto con la lección de tres periodos para tomar números (cartones o impresos) y relacionarlos. También es posible ordenarlos, clasificarlos en pequeños y grandes, buscar algo que sea tan largo/ancho como cada uno de los listones», usarlos para sumar, restar, contar, etc.

Un paso más:

Con este material es posible también jugar a «Ve y tráeme» (el listón cinco, el listón seis). Cuando les mostremos la actividad de los números rugosos, los niños ya habrán aprendido acerca de las cantidades y finalmente en una tercera actividad, procederán a relacionarlos.

Variaciones:

- Medir el mundo: usando algo como unidad de medida (piezas de Lego, los pies...) o como referencia (un trozo de cuerda igual de largo que el niño para que este pueda determinar si el objeto en cuestión es más largo, más corto o igual que él).

Actividades relacionadas
Cifras rugosas (pág. 78)

¡¡Trucos!!

Por supuesto puedes fabricar los listones de madera en casa. En las tiendas de bricolaje encontrarás listones muy largos (2-3 m), que se deberán cortar, ya sea en casa, en la tienda donde se han comprado o en una carpintería. Luego se pueden pintar si se desea.

Cifras rugosas

El objetivo de esta actividad es dibujar el símbolo numérico. Es decir, superar el segundo paso: el aprendizaje de los símbolos que representan esas cantidades, la llave que les permite entrar en el mundo de las cifras escritas.

Materiales

> Cartulina, pegamento y arena
> Bandeja con arena

Procedimiento:

Fabricación:

1. Preparar cartulinas.

2. Preparar arena de playa o río, y filtrarla para conseguir una arena bastante fina y sin basura.

3. Con un lápiz, dibujar el número en la cartulina, de forma centrada.

4. Con un pincel, dibujar el número con pegamento.

5. Sin demora, depositar la cartulina en una bandeja y con una jarrita cubrir de arena el número.

Presentación:

Prepararemos una bandeja con arena y un tapete para depositar los números y la bandeja. Para presentar las cifras se utiliza la lección de tres partes:

- PERIODO 1: Percibir las sensaciones que aportan la vista y el tacto asociándolas con el nombre del símbolo numérico: Dibujar el número y decir «uno».
- PERIODO 2: Comparar y reconocer las formas del símbolo numérico cuando el niño escuche el nombre correspondiente: «Dame el uno, dame el dos».
- PERIODO 3: Saber reconocer el símbolo numérico: «¿Qué número es este?»; «El uno».

A continuación, puedes animar a los niños a repasar los números con el dedo índice y a trazarlos luego sobre una bandeja con arena.

Aprendizajes invisibles

Desde que nacen, los niños empiezan a hacerse una idea de lo que es el número, la cantidad, a través de los sentidos. Con este material podrán organizar y ordenar esas impresiones.

Un paso más:

Una vez los niños hayan manipulado los números rugosos durante un tiempo, ofrecer que los relacionen con los listones.

Variaciones:

- Puedes imprimir los números, plastificarlos y añadir algún tipo de pintura que les dé relieve.

Actividades relacionadas

Letras rugosas (pág. 60)
Extras: plantilla «Números»

Caja de los palitos

La caja de palitos es un material del método Montessori que tiene por objetivo asociar número y cantidad, para enseñar así a los niños la noción del cero como conjunto vacío. Se puede llevar a cabo con husos, palitos o cualquier otro objeto. En esta ocasión, se emplearán palitos y el cartón de los rollos de papel higiénico. La caja de husos es autocorrectiva pues tiene el número justo de objetos para repartir.

Materiales

> Rollos de cartón (papel higiénico) y palitos
> Limpiapipas o cordel o cinta
> Rotulador

Procedimiento:

1. Preparar 45 palitos y 10 rollos y pegar los rollos los unos a los otros en grupos de cinco, añadiendo a cada uno un número del cero al nueve.
2. Ofrecer a los peques la «caja» que hemos realizado y mostrarles cómo guardar los palitos en el agujero:
   - Uno: aquí ponemos un palito.
   - Dos: aquí ponemos dos palitos (y los enrollamos con un limpiapipas).
   Continuaremos con todos los números.
3. Puede que algún niño se dé cuenta de que la casilla del 0 no contiene ningún palito y ya no tienen nada más en las manos. El adulto debe decir entonces: «Aquí no ponemos ningún palito porque es cero, aquí hay conjunto vacío». Y les presentamos en este momento la cifra rugosa del 0.

¡¡Trucos!!

- Podéis usar cualquier tipo de palitos: los que encontréis por el suelo del bosque, los de helado, depresores o incluso lápices.
- Es posible también recortar la plantilla y depositar encima los palitos enrollados con los limpiapipas.

Aprendizajes invisibles

Hasta ahora se ha enseñado a los peques, con los listones y las cifras rugosas, que las cantidades corresponden a un símbolo. En esta actividad podrán aprender que las cantidades separadas (tres palitos en vez de un listón de tres secciones) corresponden al símbolo (3 en este caso). También interiorizarán que el 0 es importante en matemáticas: aunque no tenga «nada», sí ocupa un lugar.

Un paso más:

En esta etapa, los niños sienten un gran entusiasmo por contar sin parar: anímales a contar las veces que se tiran de un tobogán, los vaivenes del columpio, los saltos a la pata coja que pueden dar...

Variaciones:

- Puedes usar una cajita de madera o cartón con las correspondientes separaciones para contar los palitos.

Actividades relacionadas

Cifras rugosas (pág. 78)
«Listones» Montessori con cuerdas (pág. 76)
Extras: plantilla «Números»

Libro de números

Además de trabajar las matemáticas fabricando un libro de números con hojas naturales, esta actividad será un bonito recuerdo de vuestros paseos por el campo. Reutiliza las cifras rugosas o fabrica dos iguales o simplemente escribe los números en cartulinas.

Materiales

> Cartulinas, rotuladores, tijeras, pegamento
> Hojas prensadas

Aprendizajes invisibles

Con esta actividad se trabajarán no solo las matemáticas sino también el sentimiento de pertenencia si se recogen los materiales en el jardín de casa o en un bosque especial para la familia.

Procedimiento:

1. Escribir las cifras en cartulinas siguiendo las instrucciones de la actividad de «Cifras rugosas» (véase página 78).
2. Recolectar hojas y prensarlas.
3. Pegar las hojas prensadas en las cartulinas. Intentar representar cada número/cantidad con las hojas.
4. Encuadernar las cartulinas con una anilla, hilo o con el método del palo (véase página 136, actividad «Cuaderno de campo»).

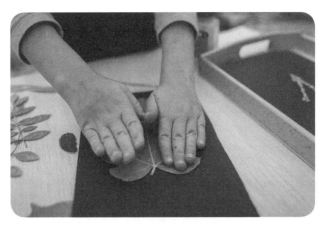

Actividades relacionadas

Cifras rugosas (pág. 78)
Naturaleza preservada (pág. 116)
Cuaderno de campo (pág. 136)
Coleccionar, organizar y clasificar tesoros
naturales (pág. 122)

¡¡Trucos!!

Puede ser una bonita
actividad para que los
hermanos mayores
preparen a los pequeños
(o los primos).

Contadores y numerales

Con esta actividad los niños podrán finalizar el proceso de asociar número y cantidad, y supondrá un primer acercamiento a los números pares e impares.

Para hacerlo en casa y que sea un juego autocorrectivo, necesitarás tener los contadores justos (piedras, gemas, monedas).

Materiales

> Números
> Piedras

Procedimiento:

1. Disponer los números impresos o escritos (del 1 al 10) en una cesta y en otra las 55 piedras.
2. Depositar las etiquetas de los números en orden creciente, del 1 al 10.
3. Leer 1 y tomar una piedra de la cesta. Colocarla debajo de la etiqueta.
4. Leer 2 y tomar dos piedras (1, 2...). Colocarlas debajo de la etiqueta, una al lado de otra.
5. Leer 3 y tomar tres piedras de la cesta (1, 2 y 3). Colocarlas debajo de la etiqueta, las dos primeras una al lado de otra y la tercera, justo en medio de las dos anteriores.
6. Repetir la operación con todas las piedras.
7. Cuando se hayan repartido todas, deslizar el dedo por el camino que dejan las piedras pares y detenerse en los caminos que están cortados en las impares. Decir: «Son los números impares» cuando choque el dedo contra la piedra o «son los números pares» cuando no.

Aprendizajes invisibles

Sin querer, con el concepto de paridad, el niño se estará introduciendo a un concepto matemático: la divisibilidad, y después a los números no enteros.

¡¡Trucos!!

Las piedras brillantes (se venden para decorar macetas o en la sección de manualidades) son estupendas porque resultan muy bonitas y pesan lo suficiente. Pueden servir también si más adelante se preparan materiales imprimibles como la tabla de la suma o la tabla de Pitágoras.

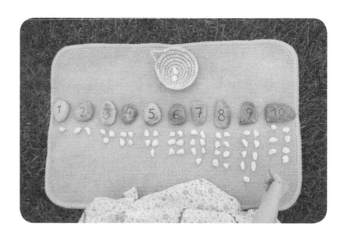

Variaciones:

- Puedes usar cualquier material que tengas a mano.

Actividades relacionadas
Cifras rugosas (pág. 78)
Extras: plantilla «Números»

Primeras operaciones (piedras)

Los materiales Montessori para matemáticas son increíbles. Sin embargo, como este libro trata de acercar este método a los hogares, tan solo podemos presentar algunos de ellos y de manera muy escueta. No obstante, hay que recordar que, puesto que la mejor manera de introducir a los niños en las matemáticas es de forma manipulativa, seguro que en tu casa encontrarás muchos materiales y oportunidades para integrarlas en las actividades diarias con tus hijos.

Materiales

> Piedras pequeñas y grandes (o etiquetas con los símbolos)
> Cuencos o cestas

Procedimiento:

Pintar los símbolos matemáticos (suma, resta, multiplicación y división) y el signo de igual en piedras grandes.

Presentación:

1. Presentar las piedras con los símbolos matemáticos y las piedras pequeñas, que se usarán como numerales, en una bandeja. Se necesitarán al menos dos cuencos para colocar los numerales de la operación.

2. Echar piedras en los cuencos y llevar a cabo las operaciones.

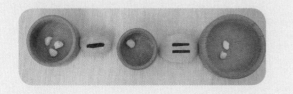

Aprendizajes invisibles

Este material permite a los niños entender el principio de las operaciones:

• Sumar es juntar varias cantidades.
• Restar es quitar una cantidad.
• Multiplicar es sumar varias veces la misma cantidad.
• Dividir es repartir una cantidad en partes iguales.

¡¡Trucos!!

✦ En el caso de la suma, para obtener el resultado, se pueden unir las piedras-numerales de la operación de forma que los dos cuencos queden vacíos (todas las piedras se unen en el resultado).
✦ Para los numerales, se pueden usar también las cuentas brillantes planas de las anteriores actividades o macarrones o cualquier objeto que tengamos en casa.

Un paso más:

Si el niño tiene la madurez necesaria (y el interés), puede escribir las operaciones en una libreta.

En este primer nivel, las operaciones se realizan de forma sensorial, y poco a poco los niños irán pasando por otros materiales hasta la abstracción. Por ejemplo, con el juego de los sellos (pequeños cuadrados de madera, plástico o cartón), en el que cada color está asociado a un valor posicional.

Actividades relacionadas

El banco de perlas doradas (pág. 84)

El banco de perlas doradas

En un aula Montessori, un niño o una niña tiene muchísimas alternativas para poder llegar hasta una misma solución. En este libro se ha elegido el banco de perlas por su facilidad para reproducirlo en casa y porque es el que más permite que interactúen entre sí. A continuación, se mostrará cómo se plantea el sistema decimal en el método Montessori y después los niños ya estarán listos para acometer el juego del banco.

Materiales

> Plantillas, papel, tijeras
> Perlas de madera u otro material
> Bandeja
> Soporte para guardarlo todo

Procedimiento:

Fabricación:
1. Imprimir las plantillas.
2. Recortarlas, plastificarlas y montarlas.
3. Conseguir algunas cuentas pequeñas de madera o plástico amarillo o dorado.

Presentación:
Una buena manera de presentar esta actividad es mostrar las cuatro cantidades (unidades, decenas, centenas y unidades de millar) mediante la lección de tres periodos:

PERIODO 1: Percibir las sensaciones que aportan la vista y el tacto asociándolas a las cantidades con el nombre del símbolo numérico.

• Mostrar al niño una perla y preguntarle: «¿Sabes qué es esto?».
• Mostrarle una barra de diez: «Son diez. Es una decena. ¿Puedo esconderla en mi mano? Se ve un trocito, ¿verdad?».
• Mostrarle un cuadrado de 100: «Mira, tiene muchas barras de diez juntas. Son cien. Es una centena. Ya no puedo esconderla en mi mano, es muy grande».
• Mostrarle un cubo de 1.000: «Mira, tiene muchos cuadrados de cien, uno sobre otro, ¿verdad?».

• Mostrarle todas las cantidades en orden, una junto a otra, para que perciban la gradación en tamaño: «Uno, diez, cien, mil».

PERIODO 2: Comparar y reconocer las formas del símbolo numérico cuando el niño escuche el nombre correspondiente.

• Colocar las cuatro cantidades delante de los peques, en el mismo orden anterior: «Enséñame uno», «Enséñame diez», «Enséñame cien», «Enséñame mil».

PERIODO 3: Saber reconocer el símbolo numérico.

• Señalar una cantidad: «¿Qué número es este?».
• En su segundo paso volver a repasar el vocabulario de las cantidades (unidad, decena, centena y unidad de millar) y practicar el tercer periodo con las equivalencias.

Cuando estos conceptos estén asimilados, trabajar el principio jerárquico del sistema decimal: tomar una cesta de las perlas y contar: «Una unidad, dos unidades... nueve unidades. Después de nueve, viene el diez y diez unidades son UNA decena». Hacer lo mismo con todas las cantidades.

Finalmente, jugar al juego de «Ve y tráeme». Pedirle al pequeño que haga recados con las cantidades: «Ve y tráeme dos unidades»; y verificar juntos la cantidad. Poco a poco, aumentar la dificultad.

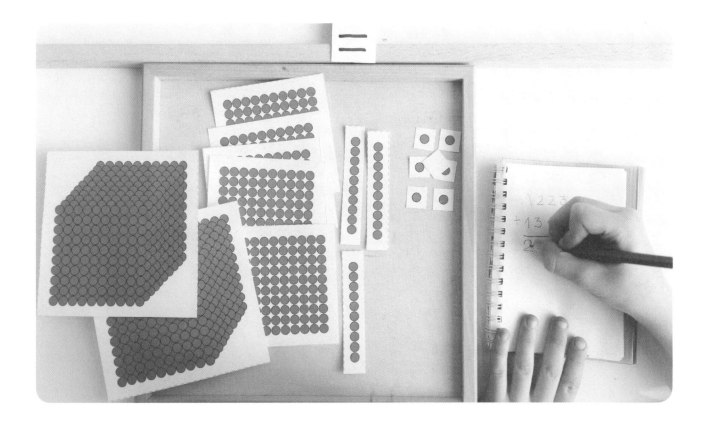

Aprendizajes invisibles

Con este material, el niño podrá introducirse en el manejo de los números grandes. Simplificar el proceso de forma que pueda entenderlo desde lo concreto y no desde lo abstracto le dará mayor autoestima.

Un paso más:

Una vez que hayas presentado los símbolos (con la lección de tres etapas) y los niños los hayan asociado a las cantidades (ver plantilla), mostrarles «la magia del número». Pídeles que hagan un pedido de cantidades y que tomen los símbolos correspondientes. Por ejemplo, tres centenas, dos decenas y cinco unidades, y decirles que haremos «un truco de magia». Tomamos las tarjetas de los símbolos (300, 20 y 5) y las ponemos una sobre otra: primero el 300, el 20 encima, alineándolas a la izquierda (el 20 tapa el 3 y el primer 0 del 300) y luego el 5, también alineado a la izquierda. Colocamos nuestra mano sobre el 5 (solo se ven ceros) y la deslizamos hacia la derecha, desplazando las tarjetas, con lo que quedará el número al descubierto.

Actividades relacionadas

Cifras rugosas (pág. 78)
Extras: plantilla «Base 10»

Variaciones:

- Después de que hayan trabajado durante un buen rato con el juego de «Ve y tráeme», plantea el juego del banco en equipo. Pídele a uno de los niños que coja una bandeja y tome la cantidad y a otro niño que tome otra cantidad.
- Deposita una bandeja en el tapete y pídeles a los niños que unan ambas cantidades, agrupando las unidades por un lado y las decenas por otro, y que asocien las cantidades a los símbolos.

5
EL PASO DEL TIEMPO

«Cuántas veces el ánimo del hombre —especialmente el ánimo del niño— se ve menguado precisamente porque no se pone en contacto con la naturaleza. Y cuando se da este contacto se hace solo con un fin material. ¿Cómo podría un chico describir la diferencia entre la naturaleza vista de día o de noche, si desde el momento en que apenas se oscurece, se va a dormir? He escuchado a un chico de 8 años decir esta frase que me ha impresionado profundamente: "Daría cualquier cosa por poder ver las estrellas una noche". Había oído hablar de las estrellas, pero no las había visto.»

Maria Montessori

El método Montessori es una ayuda para la vida, pero a su creadora nunca le gustó la palabra método, pues no consideraba que hubiese descubierto ningún sistema educativo, sino que simplemente se había parado a observar a los niños, a escucharlos, a entenderlos y a cooperar con ellos.

Los niños y las niñas tienen un maestro interior, un impulso que les nace de dentro: les mueve a hacer determinadas cosas, a moverse mucho, a experimentar con los sentidos, a hablar sin parar y a querer que las cosas sean siempre parecidas. Esa necesidad de que todo permanezca constante les hace sentir seguros. Por eso en este ámbito se trabajará todo lo relacionado con el **paso del tiempo**. Como a veces es algo demasiado abstracto para los más pequeños, se propondrán actividades para ayudarles a integrarlo de forma concreta, vivencial y emocionante.

Y así, con el paso de los días, estarán construyendo su propia historia, la suya, la de su familia, la de su comunidad. Dicen que los pueblos que olvidan su historia están condenados a repetirla, así que con este bloque se introducirá a los niños en este apasionante mundo que es la historia para que puedan construir su propio futuro.

Hasta los 6 años es preferible introducirles el concepto del tiempo como algo muy inspirador y bonito, pues es deseable mantener y potenciar su asombro por el mundo. A partir de los 6 años, la mente del infante ya no es absorbente sino racional y entonces podréis explorar lo que es justo e injusto, moral o inmoral. Siempre teniendo en cuenta que no se deben juzgar los hechos históricos desde el presente, sino dar a cada situación un contexto concreto, uno de los objetivos del segundo plano de desarrollo (de los 6 a los 12 años). Nuestro objetivo es investigar, observar, analizar sin juzgar y desarrollar la compasión (el amor que tienen las personas las unas por las otras y por el resto de los seres vivos, tanto los que conocen como los que no).

Amar a quien no se ha conocido es algo que solo pueden hacer los miembros de la especie humana, admirar a personas que no se conocen y nunca se conocerán. El ser humano que somos hoy es el resultado de muchas equivocaciones, muchas, y, por supuesto, también de algunos aciertos. Somos el resultado de la evolución, pero no solo del género Homo y de cómo decidimos bajar de los árboles y caminar erguidos. Somos el resultado de muchos seres anteriores, de los primeros seres vivos, algas y animales que convirtieron la Tierra en un lugar habitable, de la vida que se originó en las aguas, de los peces cada vez más grandes, que un día decidieron salir del agua y se transformaron en los primeros anfibios y reptiles, y por supuesto de las aves, que cuidan con mucho amor a sus crías hasta que nacen y pueden volar solas, y de los mamíferos, que alimentan a sus crías con la leche que fabrica su propio cuerpo. El ser humano es un mamífero pero con la particularidad de una mente prodigiosa: puede imaginar, preguntarse por los misterios de la vida, fabricar herramientas y modificar su ambiente en la Tierra para adaptarse más y mejor, gracias a sus manos, especialmente al pulgar. Ese dedo tan pequeño nos ha permitido fabricar utensilios, hacer fuego, crear arte que aún perdura tras miles de años, realizar cálculos complejos y buscar modos de difundirlos a los demás, por el amor que tenemos hacia nuestros congéneres, a los presentes y a los que vendrán, resolviendo cada vez un problema nuevo, paso a paso, generación a generación.

Nuestra historia siempre ha estado ligada a la Tierra, pero la historia de la Tierra es mucho más extensa que la historia de los hombres. Así que sabiendo que nuestro lugar en el mundo es solo el último y no el mejor eslabón de esta cadena que llamamos «evolución», ha llegado el momento de reflexionar acerca de una cuestión de gran importancia: ¿qué es lo más generoso que podemos hacer por la historia de los seres humanos en este planeta perfecto? ¿Qué regalo vamos a ofrecer a las generaciones futuras? ¿Cómo vamos a hacerles llegar ese amor que ya sentimos por ellos, aunque no los necesitemos?

Cuadro de rutinas

Los niños muy pequeños tienen dificultades para entender el paso del tiempo. Integrar los conceptos de «semana», «mes», «día» o «año» requiere de cierta madurez, por lo que es más fácil empezar por lo más concreto: «hoy».

Cuando aquí se habla de rutinas, se hace en referencia a aquellas acciones que se repiten a diario y que marcan el ritmo de los días. Esta estructura o predecibilidad, este saber qué es lo que va a pasar, ofrece gran seguridad a muchos niños, por lo que el objetivo de los cuadros de rutinas es trabajar en la cooperación para crear una atmósfera de seguridad y respeto.

Debes contar con los niños para elegir las acciones que vais a realizar y permitirles escoger el orden de estas, así experimentan que poseen libertad y control sobre sus vidas.

Materiales

> Fotografías o plantilla imprimible, corcho, chinchetas

Procedimiento:

1. Tomar fotos de todas las acciones diarias e imprimirlas, o usar la plantilla imprimible.
2. Pegar en un corcho una etiqueta con las leyendas: «Por hacer» y «Hecho».
3. Explicarle al niño qué actividades se realizarán en un momento del día y que, una vez estén hechas, se podrán pegar en la segunda columna.
4. Los niños deben elegir el orden en el que van a hacerse las tareas.

¡¡Trucos!!

+ Si tienes miedo de que las chinchetas acaben clavadas donde no toca, puedes usar tiras de velcro adhesivo o Blue Tack.
+ Si en algún momento el niño se salta una tarea, puedes preguntarle: «¿Qué es lo siguiente en tu cuadro de rutinas?», pero sin reprochar, simplemente buscando una solución, que tal vez pase por rehacer el cuadro de rutinas.

Aprendizajes invisibles

Los cuadros de rutinas permiten empezar a integrar el concepto de «secuencia temporal» al tiempo que ofrecen un marco de referencia, una estructura, a cada día.

Un paso más:

Aunque el niño tenga dificultades para juzgar la distancia entre eventos, sí posee una gran capacidad narrativa. Aliéntale a narrar vuestro día.

Como adulto, usa también las secuencias ayer/hoy/mañana y mañana/tarde/noche para conversar con tu hijo sobre vuestro día a día. También puedes aprovechar para introducir los planes del día siguiente y agradecer alguna acción del día.

Actividades relacionadas
Calendario perpetuo (pág. 91)
Extras: imprimible «Rutinas»

Calendario perpetuo

Para poder usar un calendario o una agenda de manera significativa, el niño debe entender primero que el tiempo es secuencial. Las secuencias más simples se empiezan a integrar con el cuadro de rutinas (ayer/hoy/mañana, mañana/tarde/noche) pero con este calendario irás un paso más allá e introducirás nuevos patrones: los días de la semana, los números y los meses.

Materiales

> Imprimible «Calendario perpetuo»
> Tijeras
> Fástener (o hilo y dos botones)
> Materiales artísticos

Procedimiento:

1. Imprimir el calendario, y ofrecer al niño para que lo recorte y lo coloree.
2. Para unir las diferentes partes del calendario, usar un fástener (encuadernador) o botones e hilo (y coserlos).
3. Buscar un lugar para colocar el calendario y usarlo cuando el niño muestre interés.

Aprendizajes invisibles

Este calendario perpetuo sirve para trabajar conceptos mucho más allá del paso del tiempo: se trabajan secuencias (ayer/hoy/mañana) y se introducen patrones (lunes/martes...), vocabulario (meses, días de la semana) y aritmética (el número de los días).

¡¡Trucos!!

Recuerda: antes de aprender secuencias complejas, el niño debe ser capaz de hablar sobre el futuro y el pasado. Este es un buen indicativo de que ha integrado los conceptos más básicos sobre el paso del tiempo (aunque aún no sea capaz de contar cuántos días hace que algo sucedió).

Un paso más:

Las representaciones lineales también pueden ayudar a conceptualizar el hecho de que un día es una unidad de tiempo. Si tu hijo empieza a preguntarse «¿Cuánto falta para...?», podéis imprimir un calendario lineal en el blog de Nitdia (3macarrons.com).

Actividades relacionadas

Cuadro de rutinas (pág. 90)
Extras: recortable «Calendario» al final del libro

La celebración de la vida (cumpleaños Montessori)

En el método Montessori, como ya sabrás, todo tiene un propósito, un sentido, así que, con esta forma tan preciosa de celebrar una nueva vuelta al Sol, no solo ofrecerás a los niños y las niñas una oportunidad de vivenciar el paso del tiempo y de las estaciones del año, sino que además serán homenajeados celebrando su vida y los pequeños grandes hitos que ya han vivido hasta entonces.

Materiales

> Imprimible
> Vela
> El número de lija correspondiente
> Bola del mundo
> Fotos del niño o niña

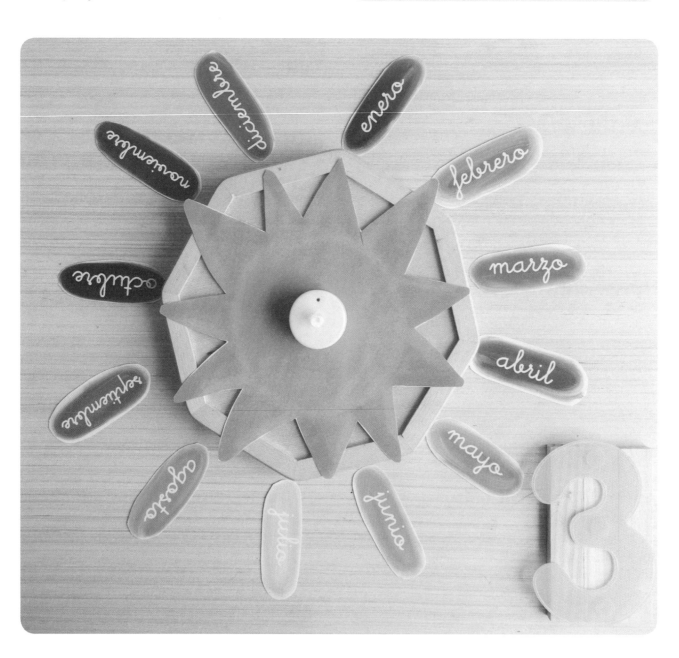

Procedimiento:

1. En casa, colocar un tapete en el centro de la habitación donde se vaya a realizar la actividad.
2. Encima, disponer fotos de la infancia del niño que cumple años.
3. Animar a los niños a que se sienten en el suelo formando una elipse, como la órbita de la Tierra, alrededor del tapete. Entonces, explicarles: «Hoy vamos a celebrar el cumpleaños de [nombre del niño] paseando alrededor del Sol».
4. Distribuir los nombres de los meses sobre el tapete o el suelo y decirles a los niños: «Estos son los nombres de los doce meses del año. Hay doce meses en cada año y la Tierra tarda un año entero en dar una vuelta alrededor del Sol».
5. Animar al niño que cumple años a situarse sobre el mes de su nacimiento, y el adulto, pronunciar una frase explicando el nacimiento.
6. En este momento encender una vela, que representará el Sol, y ofrecerle al pequeño un globo terráqueo. Se invita al niño, que tendrá el globo terráqueo en las manos, a que dé vueltas alrededor de la elipse que forman los compañeros sentados, muy despacio, para simbolizar el paso de los meses. También girará el globo terráqueo haciendo el movimiento de rotación.
7. Cada vez que complete una vuelta, decir el nombre del niño y, a continuación: «¡Ya tiene un año! ¿Qué cosas hacías cuando tenías un año?». También se le puede cantar la canción «La Tierra gira alrededor del Sol», especial para la ocasión.

Aprendizajes invisibles

Aprendizaje de conceptos matemáticos y de la naturaleza (las estaciones del año y los movimientos del Sol y la Tierra).

¡¡Trucos!!

El de «paso del tiempo» es un concepto muy abstracto y puede que los niños más pequeños no logren comprenderlo en profundidad, pero aun así pueden participar perfectamente en la celebración.

Un paso más:

Aprovechando que se han buscado fotos para celebrar el cumple de esta forma, se pueden tomar fotos actuales y del lugar de vacaciones y vivenciar de forma sensorial los conceptos de «pasado», «presente» y «futuro».

Variaciones:

- ¿Y si investigáis cómo son las celebraciones de cumpleaños o de cualquier tipo en el resto del mundo?

Extras: imprimible «Cumpleaños»

El tiempo que hace

¿Sabías que en algunas partes de la Tierra el tiempo es más o menos siempre parecido mientras que en otros lugares del mundo cambia según la estación? Este conjunto de condiciones meteorológicas se llama «clima». ¿Sabes a qué puede ser debido que en algunos sitios sea homogéneo y en otro cambiante? ¿Cómo es el clima de la ciudad en la que vives?

Materiales

> Imprimible «Tiempo»
> Fástener (encuadernador) o hilo y 2 botones

Procedimiento:

1. Recortar del final del libro o imprimir la rueda del tiempo y dejar que el niño la recorte y coloree.
2. Acabar de montarla con un encuadernador y buscar un lugar dónde colgarla.
3. Cuando creas que tu hijo sienta interés, invítale a mirar por la ventana y usar la rueda.

¡¡Trucos!!

No os quedéis en describir el día con un par de palabras (hace sol o hace viento). Invita a tu hijo a reflexionar: ¿cómo se siente en su piel? ¿Se puede oír? ¿Oler? A nivel práctico, ¿qué implicaciones tiene? ¿Necesitáis algo especial para poder salir a la calle sin que os queme el sol/os mojéis...?

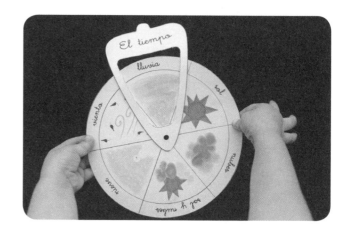

Aprendizajes invisibles

Fijarse en cómo cambia a diario el tiempo ayuda a integrar la idea del paso al tiempo a la vez que refuerza la conexión del niño con la naturaleza.

Un paso más:

Una buena idea es llevarse la rueda del tiempo a una excursión: servirá de invitación para despertar los sentidos.

Cuando el niño empiece a entender el concepto de «ayer/mañana», será el momento de preguntarle por el tiempo que ha hecho durante el día y el tiempo que cree que hará al día siguiente.

Variaciones:

• Puedes integrar todos estos aprendizajes y crear un diario del clima e investigar cuál es el de vuestra zona.

Actividades relacionadas

Observar las nubes (pág. 95)
Extras: imprimible «Tiempo»

Observar las nubes

Seguro que alguna vez has jugado a mirar las nubes y encontrar siluetas (si no lo has probado, ¡ya tardas!), pues bien, mirar las nubes no solo es divertido, también puede ofrecer mucha información sobre el tiempo que hará. Con esta actividad os invitamos a fabricar vuestras propias nubes, aprender a identificarlas y, sobre todo, a despertar vuestra conciencia sensorial mediante la observación del cielo.

Las nubes se forman gracias a la evaporación del agua de los ríos y los mares. La evaporación es el proceso por el que moléculas de agua en estado líquido «saltan» hacia el aire, pasando a estado gaseoso. Podéis hacer primero la actividad de los estados de la materia para repasar los conceptos.

Materiales

> Jarra o tarro de cristal y agua caliente
> Plato o bandeja y cubitos
> Linterna

Aprendizajes invisibles

Al mejorar las dotes de observación, se establece una conexión con el tiempo, con lo que pasa a nuestro alrededor. Este es un primer paso para aprender a leer los signos del tiempo y para entender el ciclo del agua.

¡¡Trucos!!

Cuando salgáis a observar nubes, invita a tu hijo a despertar todos sus sentidos. ¿Se mueven rápido las nubes? ¿Puedes sentir el viento en tu piel?

Procedimiento:

1. Salir a identificar nubes. Para ello, imprimir el descargable de la web de extras.
2. Crear una nube en casa: en una jarra, verter un poco de agua caliente (no hirviendo, que podría romper el cristal) y taparla con una bandeja llena de cubitos de hielo. Apagar la luz y, con la ayuda de una linterna, observar la nube que se crea cuando el agua caliente que se evapora llega a la zona enfriada por el hielo y se condensa en forma de nube. En un rato se formarán pequeñas gotas de agua bajo la bandeja: ¡lluvia!

Un paso más:

Para ver bien la nube también dentro de la jarra, podéis colocar detrás de esta una cartulina o una pieza de ropa de color negro.

Para acabar de entender el ciclo del agua, podéis visitar la desembocadura de un río, su origen...

Esta actividad puede dar pie al estudio de la importancia del agua para la vida o a adentrarse en el mundo de la climatología.

Actividades relacionadas

Estados de la materia (pág. 102)
El tiempo que hace (pág. 94)
Extras: imprimible «Nubes»

Diario de la Luna

Aunque puede que falten estudios científicos rigurosos para avalar según qué afirmaciones, lo cierto es que la Luna ha sido venerada desde tiempos inmemoriales y su presencia o ausencia (luna nueva) tiene un efecto directo en la oscuridad de nuestras noches.

El ciclo de la Luna es una secuencia constante que os ayudará a interiorizar el paso del tiempo a la vez que os invita a adentraros en la oscuridad y ver el mundo desde otra perspectiva.

Materiales

> Cartulina negra
> Tizas (secas o líquidas) o rotuladores de pintura
> Imprimible «Lunas»

Procedimiento:

1. Realizar un pequeño diario de las fases de la Luna a partir de la observación directa de esta.
2. Usar cartulina negra y tizas para reflejar mejor este cambio de perspectiva entre la noche y el día. Se puede hacer un cuadernillo de palo (en la actividad de cuaderno de campo) o simplemente unir unos recortes de cartulina con un encuadernador o grapa. Lo importante no es el resultado, sino el proceso.
3. Observar la Luna al menos durante dos meses para poder ver todas sus fases (y cómo se repiten) y documentar los descubrimientos en el pequeño diario.

Aprendizajes invisibles

Observando la Luna se descubren nuevos patrones y secuencias temporales al tiempo que se conoce mejor el entorno y se ejercita la conciencia sensorial.

Un paso más:

¿A qué hora sale la Luna cada día? ¿A qué hora se esconde? Podéis buscar la información para poder anticiparos. ¡Descubriréis que algunas veces la Luna sale cuando aún es de día!

¿Sabes que los cráteres de la Luna tienen diferentes nombres? Podéis realizar un mapa del paisaje lunar.

El Sol y la Luna han estado presentes a lo largo de nuestra historia. ¿Por qué no adentrarse en el mundo de la mitología?

Variaciones:

• Aparte de documentar la Luna, podéis también fijaros en las estrellas. ¿Se ven las mismas cada día? ¿A la misma hora?

¡¡Trucos!!

Para generar interés, ¿por qué no leer algún libro o historia sobre la Luna?

Extras: mapa de la Luna

El cielo nocturno

Los primeros exploradores no tenían brújulas ni mapas ni GPS, solo contaban con el cielo y sus estrellas. Estas han guiado al ser humano desde el inicio de su historia y, aunque ahora disfrutemos de muchas tecnologías, aún pueden guiarnos, pues nos conectan con nuestro pasado, con nuestro mundo y con la vida.

Durante siglos, el hombre ha alzado la vista hacia el cielo en búsqueda de patrones, lo que llamamos «constelaciones». Con esta actividad será posible redescubrir el cielo nocturno.

Materiales

> Imprimible «Constelaciones» o libro de referencia
> Cartulina
> Punzón o perforadora de papel
> Linterna
> Palillos y plastilina

Procedimiento:

1. Imprimir las tarjetas de constelaciones y hacer un agujero en cada estrella con la ayuda de un punzón o una perforadora de papel.
2. Jugar a proyectar las constelaciones en la pared o el techo con la ayuda de una linterna.
3. Cuando el niño esté preparado, salir a observar el cielo nocturno en una noche despejada.
4. Crear nuevas representaciones de las constelaciones con palillos y plastilina. Involucrar los diferentes sentidos y usar materiales manipulativos es siempre una gran ayuda para integrar información.

¡¡Trucos!!

+ Busca un lugar alto lejos de focos lumínicos para poder observar el cielo mejor.
+ Si necesitáis una linterna, intentad que sea de luz roja.
+ Si tenéis unos binoculares, ¡usadlos!

Aprendizajes invisibles

Con esta actividad estrechamos vínculos familiares, descubrimos nuevos patrones, reforzamos la conexión con la naturaleza y nos adentramos en el mundo de la astronomía, todo al mismo tiempo.

Variaciones:

• También se pueden construir las constelaciones con gomas, chinchetas y un corcho redondeado.

Un paso más:

¿Por qué no aprovechar y disfrutar también de la puesta de sol? Si se prevé una noche clara, es el momento ideal para preparar un buen picnic.

Ahora que se conocen algunas constelaciones, ¿por qué no investigar su historia?

En el cielo no solo se ven estrellas, ¡también planetas! Hay apps como Google Sky Maps que permiten identificarlos fácilmente, y también software para ordenador, como Stellarium.

Actividades relacionadas
Diario de la Luna (pág. 96)
Extras: imprimible «Constelaciones»

6
MUNDO NATURAL

«¿Qué es un científico? [...] Le damos el nombre de "científico" al tipo de hombre que ha sentido el experimento como medio que le guía en la búsqueda de la verdad profunda de la vida, a alzar el velo de sus fascinantes secretos.»

Maria Montessori,
The Montessori Method

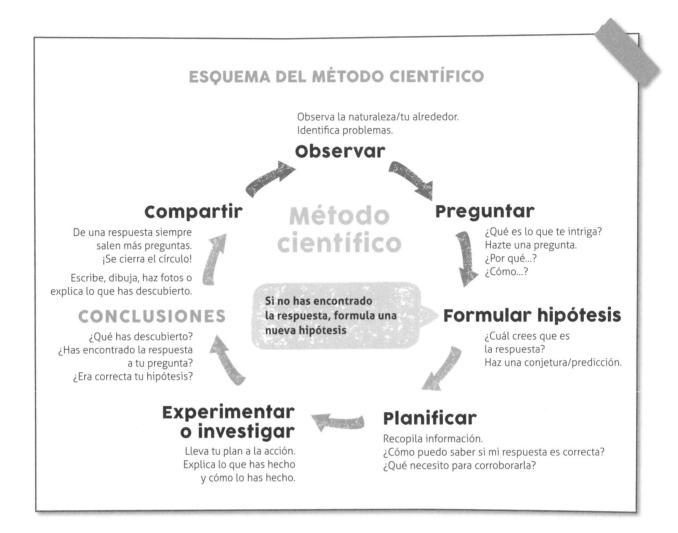

ESQUEMA DEL MÉTODO CIENTÍFICO

Observa la naturaleza/tu alrededor.
Identifica problemas.

Observar

Método científico

Compartir

De una respuesta siempre
salen más preguntas.
¡Se cierra el círculo!

Escribe, dibuja, haz fotos o
explica lo que has descubierto.

Preguntar

¿Qué es lo que te intriga?
Hazte una pregunta.
¿Por qué...?
¿Cómo...?

Si no has encontrado
la respuesta, formula una
nueva hipótesis

CONCLUSIONES

¿Qué has descubierto?
¿Has encontrado la respuesta
a tu pregunta?
¿Era correcta tu hipótesis?

Formular hipótesis

¿Cuál crees que es
la respuesta?
Haz una conjetura/predicción.

**Experimentar
o investigar**

Lleva tu plan a la acción.
Explica lo que has hecho
y cómo lo has hecho.

Planificar

Recopila información.
¿Cómo puedo saber si mi respuesta es correcta?
¿Qué necesito para corroborarla?

A través de los ojos del niño, el mundo natural es algo fascinante que le ofrece experiencias y descubrimientos prácticos que le permiten dar significado a aquello que le rodea. El mundo natural se brinda como pequeñas piezas de conocimiento que se van uniendo en un puzle cada vez más y más extenso. Además, la naturaleza nos ofrece a padres y madres incontables oportunidades para conectar con nuestros hijos, aprovechémoslas.

Desde bien pequeños, los niños observan y absorben todo lo que los rodea, y, basándose en sus experiencias, construyen sus propias teorías, que van evolucionando constantemente. Puede que al principio estas teorías no sean correctas, pero te animo a que, en lugar de corregirles y explicarles, les muestres cómo funcionan las cosas y que sean ellos mismos los que encuentren las respuestas mediante el ensayo y el error. Como padre o madre, debes acompañar a tus hijos en el entendimiento de conceptos complejos al tiempo que te maravillas por la grandeza del universo y las leyes que lo rigen. Para ello, debes convertirte en científico y centrarte primero en el acto de investigar: la precisión y la exactitud se irán logrando con los años.

Desde que el niño nace hasta que cumple 6 o 7 años, su mente absorbente se nutre de la información que le llega mediante los sentidos, pues se encuentra en el periodo sensible de las percepciones sensoriales. Debes aprovechar las preguntas de tu hijo para facilitarle experiencias de aprendizaje autónomo. Las propuestas que mostramos a continuación seguro que ayudarán a resolver de manera práctica muchos de los misterios a los que se afronta el pequeño.

Recuerda que durante los primeros años de vida tu hijo se encuentra también dentro del periodo sensible del lenguaje. Las siguientes actividades son una buena oportunidad para, poco a poco, introducir vocabulario científico. De este modo se relacionan sus experiencias con «hacer ciencia» y es que, en cierto modo, todos somos científicos.

Como adulto, no tienes respuestas a todas las preguntas de tus hijos y esto es bueno pues podrás invitarle a que investigue por sí mismo. Cuando te plantee una pregunta, anímale a pensar una posible respuesta (hipótesis) y buscad información juntos para descubrir mediante la experiencia si la idea es o no cierta (conclusión). Cuando mis hijos me preguntan, a veces sé la respuesta, a veces no, pero casi siempre mi respuesta es: «¿Tú qué crees?».

Cuando investigues con tu hijo, aprovecha cualquier oportunidad para hablar de interconexiones. Demasiadas veces se suele evitar hablar de ciencia porque se considera aburrida y difícil, y es que estudiar física o química desde la perspectiva unidimensional de un libro de texto que presenta una secuencia de hechos en progresión lineal no ayuda a entender las relaciones que acontecen entre todos los seres vivos y entre estos y su entorno. Memorizar hechos inconexos es tedioso, pero descubrir mediante la experiencia nuevas conexiones entre elementos ayuda a dar sentido al mundo que nos rodea. Así, en cierto modo, se puede definir la educación como la ciencia de las relaciones, pues más que de la adquisición de conocimientos aislados, lo que buscamos es que estos encajen unos con otros.

No hace falta que seas un experto, al acompañar a tu hijo en sus descubrimientos tú también vas a aprender mucho, solo hace falta que recuerdes buscar oportunidades para relacionar aquello por lo que tu hijo muestra interés con un ciclo, una estación, o cualquier ser vivo (¿alguien se come algo?, ¿le afecta de alguna forma?, ¿le ayuda?). Cuando los niños interiorizan las interconexiones de la vida y el universo entienden también mejor el papel que los seres humanos desempeñamos en el desarrollo de los acontecimientos y podrán así, algún día, optar por tomar decisiones sostenibles.

Estados de la materia: la ciencia del calor y el frío

Hace mucho, mucho tiempo (casi 14 millones de años) algo extraordinario pasó: una gran explosión dio lugar a las pequeñas piezas del gran puzle que es el universo. Estas pequeñas piezas o ingredientes tienen diferentes nombres, pero se entenderá mejor si se las llama simplemente partículas. Y pasa algo muy curioso, dependiendo de si hace calor o hace frío, las partículas actúan de forma diferente: se mueven más o menos. En la Tierra, todo lo que es observable se encuentra en forma de sólido, gas o líquido (existe un cuarto estado, el plasmático, pero su estudio se dejará para más adelante). El ser humano lleva miles de años experimentando con la ciencia del calor, desde que nuestros ancestros descubrieron el fuego. En esta actividad se usará el calor para entender los diferentes estados de la materia.

Materiales

> Sartén caliente
> Salvamanteles
> Vasos o recipientes iguales
> Agua
> Cubitos

Procedimiento:

1. Colocar tres vasos transparentes sobre una mesa. Llenar uno con agua, otro con cubitos y dejar el tercero vacío (lleno de aire). Colocar también el salvamanteles sobre la mesa.
2. Presentar al niño los tres vasos y dejar que toque el agua y el hielo y nombrar los tres estados de la materia.
3. Explicar al niño que vas a traer una sartén caliente (¡quema!) para completar el experimento. Cuando esté sobre la mesa, verter los cubitos de hielo sobre ella y observar cómo se derriten. En función de la edad o interés del niño, se le puede explicar que las partículas que forman el agua (moléculas) al calentarse empiezan a moverse más y más rápido y cada vez están más separadas, transformando el sólido en líquido. Si se calientan más, se moverán aún más y el agua se convertirá en gas (se evaporará). Se puede llevar la sartén al fuego y observar cómo el agua se evapora en muy poco tiempo.

Aprendizajes invisibles

Con esta actividad se explora cómo el calor (temperatura) crea los diferentes estados de la materia y se clasifica el agua en sólido, gas y líquido.

Durante los primeros años de vida, el niño se encuentra dentro del periodo sensible del lenguaje y esta actividad se debe aprovechar para introducir nuevos términos y vocabulario.

Además, al usar el tacto, se le ayuda a que integre mejor la información.

Un paso más:

Este experimento puede repetirse a lo largo de los años o con niños de diferentes edades puesto que cada uno llegará al nivel de profundidad en función de sus conocimientos previos. Año a año se va añadiendo más vocabulario específico.

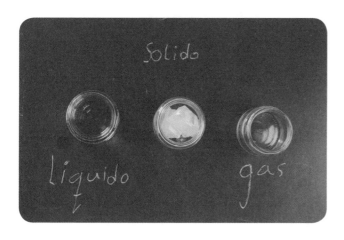

En función del niño, se puede progresar hacia el estudio del cuarto estado, el plasma, e investigar su ejemplo natural más famoso: los rayos (que pueden llevaros hacia el estudio de la electricidad). También podéis visitar algún museo de ciencias donde podáis tocar una bola de plasma.

¡¡Trucos!!

Recuerda que la información entra por los sentidos. Deja que tu hijo experimente con el agua y el hielo.

Variaciones:

- Podéis estudiar la evaporación del agua (paso a gas) sin calor externo. Llenad con agua dos vasos idénticos y tapad uno de ellos con papel de film (sujetado con una goma). Dejad los vasos al sol y, pasadas unas horas, observad cómo en el vaso destapado hay mucha menos agua. Si al inicio del experimento introducís un termómetro dentro de cada vaso veréis que la temperatura del vaso tapado es mucho más elevada. Las moléculas de agua que se han calentado lo suficiente para pasar a estado gaseoso quedan retenidas por el plástico mientras que en el vaso destapado se escapan (y el calor con ellas). Este experimento os permite introducir el concepto de «efecto invernadero».

Actividades relacionadas

Crear con hielo (pág. 146)
Fabricar un pluviómetro (pág. 114)
Observar las nubes (pág. 95)

Clasificaciones: flota/se hunde + magnético/no magnético

Desde pequeños, a los niños les encanta ordenar y clasificar objetos: construyen una torre usando únicamente bloques verdes, agrupan objetos similares... Mediante los procesos de clasificación, el niño reconoce, diferencia y entiende propiedades de los objetos. Usar distintos métodos de clasificación les permite integrar una gran cantidad de información sobre el mundo que les rodea, ayudándole a entenderlo mejor.

Materiales

> Cesto
> Objetos que haya por casa
> Imán
> Cuenco
> Jarra
> Acceso a agua
> Toalla

¡¡Trucos!!

+ Para la etapa prelectora, se pueden acompañar los carteles de título con un dibujo explicativo simple.
+ Buscad juntos un lugar donde guardar los materiales. Si los dejas en un lugar accesible, tu hijo podrá repetir la actividad de forma independiente cuando así lo sienta.

Procedimiento:

Recolectar diferentes objetos y colocarlos dentro de un cesto (o similar).

Flota / Se hunde:
Preparar la presentación del ejercicio colocando en una bandeja un cuenco, la jarra, la toalla, el cesto de objetos y un folio con los títulos «FLOTA» y «SE HUNDE». Pedir al niño que llene la jarra para poder llenar el cuenco con agua.
Hay varias formas de presentar este ejercicio, sé flexible y haz lo que creas que funcionará mejor con tu hijo. La idea es ir introduciendo los objetos en el cuenco de uno en uno, comprobar si flotan o se hunden y colocarlos bajo el título que les corresponda. La toalla se emplea para secar los objetos, secar agua derramada o proteger la superficie colocando los objetos encima. Tú decides.

Magnético / No magnético:
Preparar los materiales colocándolos en una bandeja: cesto con objetos, imán y folio con los títulos «MAGNÉTICO» y «NO MAGNÉTICO». Con la ayuda del imán, comprobar cada objeto uno a uno y colocarlo bajo el título de la categoría que le corresponda.

Aprendizajes invisibles

Con esta actividad se introduce el concepto de «clasificación». El niño explora los efectos del magnetismo sobre diferentes objetos y los efectos de la densidad en la flotabilidad.

Flota / Se hunde

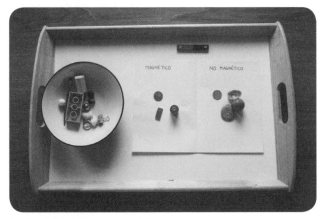

Magnético / No magnético

Variaciones:

• Si lo crees adecuado, puedes pedir a tu hijo que formule una hipótesis antes de introducir el objeto en el cuenco/acercar el imán: ¿crees que flotará o se hundirá?, ¿crees que es magnético?

Actividades relacionadas

¿Cómo funciona una brújula? (pág. 106)

Un paso más:
Flota / Se hunde:

En la actividad de los estados de la materia se ha hablado de partículas que están más quietas y juntas o en movimiento y separándose. En esta podemos introducir el concepto de «densidad»: cuanto más apretadas estén las partículas (en un espacio muy pequeño), más denso será el objeto. Los objetos que se hunden son más densos que el agua.

¿Y cómo flotan los barcos hechos de metal entonces? Podéis hacer una demostración práctica. Haz dos bolas de plastilina del mismo tamaño y, a una de ellas, dale la forma de una barca. Comprueba como la bola se hunde mientras que la barca flota. Con este experimento los niños se adentran en el principio de Arquímedes.

Magnético / No magnético:

¿Os habéis dado cuenta de que NO todas las monedas son magnéticas? Algunos metales como el hierro, el cobalto o el níquel son magnéticos, y otros como el cobre, el aluminio, el oro o la plata no lo son.

Deja que tu hijo vaya en busca de metales: podrá encontrarlos donde menos se lo espera. Si hay playas o ríos cerca de donde vivís o has visto algún lugar con arena oscura/negra, puede que se trate de arena ferrosa y podáis encontrar restos de hierro al acercar un imán.

¿Coméis cereales enriquecidos en casa? Llena hasta la mitad una bolsa de cierre zip, machaca los cereales dentro de la bolsa, ábrela de nuevo y llénala con agua. Deja que repose unos minutos y al pasar un imán por el exterior de la bolsa podréis recoger polvo de hierro. Ahora llega el momento de adentrarse en una nueva investigación: las funciones del hierro en nuestro cuerpo.

¿Cómo funciona una brújula?

Las brújulas nos ayudan a encontrar nuestro lugar en el mundo, puede que incluso en el sentido más amplio de la definición. La Tierra actúa como un imán y una brújula no es más que una aguja imantada que se alinea con el campo magnético de la Tierra. Vamos a comprobarlo.

Materiales

> Clip metálico (o aguja) e imán
> Bol, agua y hoja
> Brújula

Aprendizajes invisibles

Con esta actividad el niño se introduce en el concepto de magnetismo al tiempo que aprende más sobre la Tierra, así como a orientarse.

Procedimiento:

1. Llenar un cuenco con agua y depositar en la superficie, con cuidado, una hoja, que deberá flotar (también se puede emplear un corcho).
2. Frotar uno de los extremos del clip con uno de los extremos del imán. Mover el clip en la misma dirección (de abajo hacia arriba, por ejemplo) al menos veinte o treinta veces.
3. Colocar el clip encima de la hoja y observar cómo esta empieza a moverse hasta quedar alineada con el campo magnético de la Tierra. Colocar la brújula al lado para poder comprobarlo.

Un paso más:

La fuerza magnética se extiende entre materiales ferromagnéticos, por lo que con un imán se podrán levantar varias monedas en cadena. ¡Es un truco muy divertido!

¿Sabes que el polo norte geográfico es diferente al polo norte magnético? El polo norte magnético (hacia donde la brújula apunta) se encuentra cerca del polo norte de los mapas, pero se va moviendo debido a cambios en el núcleo de la Tierra. Y aún hay más... cada cientos de miles de años el campo magnético de la Tierra se invierte (el imán se da la vuelta). En estos momentos, el extremo de la brújula que se alinea con el norte geográfico es el norte del clip-imán, por lo que, como los opuestos se atraen, en esos momentos lo que llamamos «polo norte» ¡es en realidad el polo sur del imán-Tierra! Para evitar confusiones, se le sigue llamando «polo norte magnético», pero es un tema muy interesante para investigar. De hecho, hay una ciencia que se encarga de estudiar los cambios que el campo magnético de la Tierra ha experimentado en el pasado: el paleomagnetismo. Gracias a esta ciencia se ha logrado entender mejor la historia del planeta Tierra.

Variaciones:

• Los imanes pueden ser peligrosos. Tú conoces a tu hijo mejor que nadie. Piensa si podría tragárselo o podría pellizcarse jugando con dos o más imanes y a partir de ahí decide qué tamaño de imán vais a usar y si le dejas experimentar con más de uno (¡para descubrir que tienen dos polos y pueden atraerse o repelerse!).

¡¡Trucos!!

Si el niño no tiene una brújula, pero desea comprobar que su brújula casera funciona, lo podrá hacer sin problemas usando un palo o cualquier objeto que se aguante de pie (una botella, por ejemplo) y la luz del sol. Para ello, plantar el palo y marcar el final de su sombra (con una piedra, por ejemplo). Esperar 15 minutos y volver a marcar el extremo de la sombra. La primera marca es el oeste, la segunda el este y si colocamos nuestro pie izquierdo en la primera marca y el derecho en la segunda, estaremos mirando al norte.

Actividades relacionadas

Clasificaciones: flota/se hunde + magnético/no magnético (pág. 104)

Cristales y minerales

¿Qué tienen en común la sal, los copos de nieve, los diamantes y el exoesqueleto de los corales? Todos ellos son sólidos, pero, además, sus componentes se organizan de forma especial, formando patrones ordenados. Es por ello que reciben el nombre de «cristales».

Todas las piedras preciosas y la gran mayoría de los minerales también presentan una estructura cristalina y, al estudiarla, se puede aprender mucho sobre la Tierra e ¡incluso sobre otros planetas! Uno de los vehículos de exploración que se enviaron a Marte encontró unas vetas de yeso, un mineral con estructura cristalina que se produce con la evaporación de agua, lo que indica que en algún momento hubo agua líquida en el planeta rojo.

Cada roca, cada mineral, tiene una estructura específica que nos habla directamente sobre cómo eran las condiciones en la Tierra hace cientos y miles de años. No es de extrañar que grandes y pequeños sientan una gran atracción hacia piedras preciosas, minerales y rocas de todo tipo.

El proceso por el que se forman los cristales se llama «cristalización» y con esta actividad se podrá experimentar de primera mano.

Materiales

> Agua caliente
> Sal/bicarbonato sódico
> Jarra/cuenco
> Cuchara
> Un trozo de cordel de 30-40 cm
> Vasos o tarros de cristal
> Plato
> 2 clips o arandelas pesadas
> Colorante alimentario

Procedimiento:

1. Crear una solución saturada de agua y sal. Para ello, verter el agua caliente en la jarra o cuenco y añadir la sal al tiempo que se mezcla. Llegará un momento en que la sal ya no se disolverá y empezará a caer (precipitar) hacia el fondo. Cuando esto ocurra, dejar de añadir sal y repartir la solución entre los dos tarros de cristal.
2. Atar un clip a cada extremo del cordel y humedecerlo con agua.
3. Colocar cada uno de los extremos del cordel en cada uno de los tarros y un plato debajo del cordel.
4. Ahora toca esperar. Los cristales se irán generando a lo largo de 5-10 días.

Un paso más:

¿Se han formado estalactitas? ¿Estalagmitas? ¿Por qué no aprovechar e ir a visitar unas cuevas?

¿Intrigados por todo lo que las rocas y los minerales pueden explicarnos? En los museos de geología o en los de ciencias naturales, seguro que encontráis muchas respuestas.

Vocabulario:

Una **solución** es una **mezcla homogénea** de dos o más sustancias. Es decir, una mezcla en la que a simple vista no se pueden ver las diferentes sustancias. Cuando mezclamos sal y agua, la sal se disuelve (se deshace/rompe en sus diferentes componentes) y ya no se puede ver. En cambio, si se mezcla aceite y agua, se obtiene una solución heterogénea, pues aún se podrán distinguir ambas sustancias.

Una **solución saturada** es aquella en la que se obtiene el máximo de soluto (sal) disuelto en el disolvente (agua).

Aprendizajes invisibles

Con esta actividad se exploran procesos físicos y químicos al tiempo que se aprende vocabulario científico.

Variaciones:

- ¿Quieres hacer una geoda? Las geodas son básicamente rocas con cristales/minerales dentro. Se forman cuando una burbuja de aire queda atrapada dentro de la lava o cuando la disolución de algunas rocas sedimentarias deja espacio para que precipiten otros minerales. Para hacerlas, necesitarás un huevo de plástico o la cáscara (limpia) de un huevo de verdad. Disuelve la sal en agua caliente y añade el colorante alimentario. Luego introduce el huevo con cuidado hasta que quede sumergido. Para acelerar el proceso, puedes pegar primero un poco de sal en el interior del huevo (usando cola blanca). También puedes colocar el tarro en el congelador.
- Podéis usar sal marina, Maldon, sales Epsom, bicarbonato de sodio... cada sustancia cristalizará de forma diferente. Las sales Epsom cristalizan en forma de agujas mientras que la sal de mesa forma normalmente cubos.
- Podéis añadir colorante alimentario para obtener cristales de colores.
- ¿Os apetece una versión dulce? Podéis probar con azúcar.

Actividades relacionadas
Estados de la materia (pág. 102)

¡¡Trucos!!

- ✦ Para agilizar el proceso, se puede humedecer primero el cordel. Si se usa lana, mejor que sea acrílica, ya que absorberá mejor.
- ✦ Cuanto más caliente esté el agua, más sal se podrá disolver en ella y los cristales se formarán más rápido.
- ✦ También se puede dejar el experimento en un lugar cálido para que el agua se vaya evaporando (y forzar así la cristalización de la sal).

La ciencia del fuego

¿Te imaginas la vida antes del fuego? Aunque no sabemos con exactitud cuándo ocurrió, el descubrimiento del fuego ha sido una de las grandes inflexiones en la evolución del ser humano. Hay incluso quien dice que el fuego es lo que nos hizo humanos. Gracias al fuego nuestros ancestros pudieron ver en la oscuridad, desplazarse a zonas más frías, protegerse de depredadores, desarrollar nuevas técnicas para fabricar herramientas, hacer objetos de cerámica... pero, sobre todo, con el control del fuego se pudo empezar a cocinar alimentos como la carne, los cereales o los tubérculos, hecho que permitió que nuestros cuerpos obtuvieran más energía. Hay quien cree que este cambio en la dieta es el que permitió desarrollar nuestro cerebro (al ser más grande, necesita más energía/alimento para funcionar) y, con él, nuestras capacidades. O quizá fuera el hecho de que, al reunirnos alrededor del fuego, empezamos a tener grandes conversaciones.

Así, el fuego generó otro gran cambio, uno cultural y social. El fuego tiene algo de hipnótico. ¿No te pasarías horas mirando las llamas danzar? Es por eso que, aun hoy en día, está presente en muchos de nuestros rituales, desde celebrar un cumpleaños hasta las hogueras de San Juan. ¿No es fascinante? Pero ¿qué es el fuego? El fuego es una reacción química, es decir, unas sustancias que se transforman en otras. Por ejemplo, cuando encendemos una hoguera tenemos:

Materiales

> Velas de té
> Vasos o tarros de cristal de diferentes medidas
> Cerillas

Procedimiento:

1. Aprender a encender una cerilla: ¡esto ya es un gran reto! Hay niños que están preparados antes y otros que necesitan más tiempo. No hay prisa, puedes encenderla tú por él también. El niño necesita buenas habilidades motrices finas para ello y cierta madurez para hacer un buen uso, pero los padres estamos precisamente para modelar el buen uso y la reverencia hacia el fuego.

2. Encender la vela y luego cubrirla con un vaso de cristal. Pasado unos instantes la llama empezará a desvanecerse hasta apagarse. En el aire aún queda oxígeno, pero no suficiente como para que la reacción química pueda seguir produciéndose.

| madera combustible | + | oxígeno del aire | + | calor cerilla | ➡ | carbón | + | humo gases volátiles | + | llamas calor y luz |

Con esta actividad se podrá comprobar la necesidad de la presencia de oxígeno para que una llama perdure.

Aprendizajes invisibles

Con esta actividad se introducen conceptos científicos como «combustión», «reacción química», «gas» u «oxígeno». También se hacen inferencias a partir de las observaciones.

Un paso más:

¿Cuánto tardará la vela en apagarse? Podéis hacer estimaciones y comprobarlas cronómetro/reloj en mano.

¿Cuál es el combustible de la vela? En este caso es la cera, que con la combustión se convierte en gas (parece que la vela se consume y «se gasta» pero en realidad solo se transforma).

Os invitamos a incorporar el fuego en vuestra vida: en forma de pequeño ritual durante las comidas, encendiendo una vela y haciendo una ronda de agradecimientos al final del día... lo que encaje mejor en vuestra familia. Se trata de crear una pequeña cultura familiar, con tradiciones propias.

¡¡Trucos!!

+ Para evitar quemaduras, siempre se deberá sujetar la cerilla paralela al suelo (y mover la vela si hace falta).
+ Si se usan las mismas velas de té con tarros de diferentes medidas, se podrá ver cómo la vela tarda más en apagarse en los tarros grandes. De esta forma, se infiere que, al haber más cantidad de aire, también hay más cantidad de oxígeno y la vela puede arder durante más tiempo.

Variaciones:

• Más adelante se puede repetir el mismo experimento colocando la vela y el tarro sobre un plato hondo con agua. Mientras la vela está encendida, el aire se calienta y se expande, ocupando tanto espacio como puede (y escapándose por debajo del tarro, así que es posible ver pequeñas burbujas). Al apagarse, el aire se enfría rápidamente y se contrae, succionando el agua hacia dentro del tarro.

Actividades relacionadas
Estados de la materia (pág. 102)

Aves

Si nos preguntaran qué superpoder nos gustaría tener, seguro que muchos responderíamos «¡Volar!», planear por el cielo y observar el mundo con ojos de pájaro. Pero las aves no solo son magníficas por haber conquistado los cielos, también pueden abrirnos un gran camino de conexión con la naturaleza que nos rodea.

Si aprendes a observar su comportamiento y escucharlos atentamente, si asimilas el lenguaje de los pájaros, serás capaz de saber en todo momento qué ocurre en tu entorno. ¿Se acerca un zorro? ¿Un halcón? Además, no importa dónde vivas, seguro que tienes pájaros a tu alrededor. Todo esto hace que sean los animales elegidos para empezar a trabajar los nombres de las especies.

Materiales

> Tarjetas tres partes «aves» (en la sección de recortables al final del libro)
> Imprimible «Marionetas de palo»

Procedimiento:

Hemos preparado tarjetas tres partes con las aves más comunes en España. Sigue las instrucciones descritas en la actividad de las tarjetas para introducir el nuevo vocabulario.

Aprendizajes invisibles

Cuando reconoces un pájaro por primera vez, se forma un pequeño hilo entre este y tú. Cuando lo identificas de nuevo, el hilo se transforma en cordel y, pasado un tiempo, en una gruesa cuerda. Si creas cuerdas con todo lo que te rodea, el mundo será un lugar mucho mejor. Aprender a identificar pájaros te permite introducirte en el mundo de la observación de animales y sus hábitos.

Un paso más:

Cread vuestras propias marioneta-pájaro con las plantillas que hemos preparado. Podéis imprimirlas a color o pintarlas vosotros mismos.

¡Salid a ver pájaros! Si los tenéis, coged unos prismáticos y una guía para identificar las aves que viven cerca de vuestra casa. Para poder conocerlos mejor, hace falta ser cuidadosos. Buscad un lugar para sentaros, pero dirigíos hacia este en silencio, caminando con cuidado.

Ser pájaro no siempre es fácil. A veces es difícil encontrar comida, sobre todo en invierno. Si queréis ayudar a vuestros nuevos amigos, podéis instalar un comedero para pájaros en vuestro jardín/terraza/ventana.

Actividades relacionadas

Comedero para pájaros (pág. 32)
Tejer nidos (pág. 144)
Extras: tarjetas tres partes recortables
al final del libro e imprimible «Marionetas de palo»
en la web

¡¡Trucos!!

La mejor forma para recordar sus nombres es conocer los pájaros en primera persona. Estas tarjetas se pueden presentar poco a poco, cada especie justo después de haberla visto.

Fabricar un pluviómetro

En esta actividad se estudiará la forma más común de condensación del agua: la lluvia. Hace ya 2.500 años en Grecia y poco después en la India se empezó a medir la cantidad de agua que caía durante los episodios de lluvia (precipitación). La información se usaba ya entonces para tomar decisiones sobre los cultivos de alimentos.

Materiales

> Botella de plástico transparente
> Tijeras o cúter
> Regla
> Rotulador permanente
> Celo
> Arena o piedrecitas
> Agua

Procedimiento:

1. Recortar la botella a 10 cm del cuello y usar la parte superior como embudo para recoger el agua.
2. Colocar arena o piedrecillas en el fondo de la botella para hacerla más estable.
3. En el lateral de la botella, por encima de las piedrecitas, dibujar las marcas de una regla (también se puede pegar una regla con cinta adhesiva).
4. Llenar la botella con agua hasta la primera marca de la regla (cero).
5. Por último, colocar el embudo (hecho con la parte superior de la botella) en la abertura y buscar un lugar donde instalar el pluviómetro.

¡¡Trucos!!

Para que la lluvia no borre las medidas, habrá que cubrirlas con un trozo de celo.

Aprendizajes invisibles

Con esta actividad, el niño recolecta e interpreta información sobre el mundo que le rodea al tiempo que practica su motricidad fina y la coordinación mano-ojo.

Un paso más:

Lo ideal es poder recoger información de varios días para así lograr hacer comparaciones. También se puede animar a los niños mayores a crear su propio gráfico de precipitaciones (milímetros o centímetros de precipitación en el eje y [vertical]; y fecha en el eje x [horizontal]).

Variaciones:

• Podéis hacer más de un pluviómetro para realizar comparaciones entre dos lugares distintos. Estos pueden ser también cercanos bajo un árbol o al descubierto, y así determinar cuánta agua queda retenida en la copa del árbol.

• Podéis crear vuestra pequeña estación meteorológica fabricando una veleta que muestre la dirección del viento. Para ello, fabrica una flecha con una pajita y dos trocitos de cartón, llena un tiesto con arena o piedrecitas y clava en él un palo. Con una aguja, clava la flecha en la parte superior del palo.

Actividades relacionadas

Estados de la materia (pág. 102)
Observar las nubes (pág. 95)

Árboles

¿Sabes que hay árboles que tienen miles de años? En el Bosque Ancestral de Pino Longevo en California hay un ejemplar con más de 5000 años. Imagina los cambios que habrán sucedido a su alrededor desde que nació de una semilla... Pero, aunque su ciclo de vida sea mucho más longevo que el nuestro, nos parecemos en muchos sentidos. Los árboles necesitan alimento como nosotros, respiran, tienen un sistema circulatorio e incluso se comunican entre ellos.

Un solo árbol puede ser el hogar de cientos de especies animales y vegetales diferentes. Como las plantas y algunas bacterias, eliminan el exceso de dióxido de carbono (CO_2) de la atmósfera y lo sustituyen por oxígeno (O_2) mediante un proceso llamado «fotosíntesis». De este modo no solo nos ayudan a respirar, también a contrarrestar el efecto invernadero.

En función de si pierden sus hojas en otoño, los árboles se pueden clasificar en dos grandes grupos: perennes y caducifolios. Los perennes mantienen su abrigo durante los meses fríos, mientras que los caducifolios pierden sus hojas en otoño.

Materiales

> Imprimible de la web de extras y tarjetas recortables (al final del libro).

Procedimiento:

1. Descargar la clave dicotómica en la web de extras y usarla para descubrir qué árboles viven en tu entorno. Se pueden hacer las actividades sobre hojas en paralelo para integrar todo el vocabulario.
2. Siguiendo las instrucciones de las tarjetas tres partes, usar las tarjetas de árboles (al final del libro) para aprender más sobre las diferentes especies de árboles y sus partes.

¡¡Trucos!!

Antes de empezar con los nombres de las diferentes especies sería ideal tener contacto directo con diferentes árboles y observar sus troncos, sus hojas, sus frutos...

Aprendizajes invisibles

Al estudiar los árboles no solo se aprende sobre ellos, sino que se integran también las conexiones que se establecen entre estos, los animales, las plantas y el ser humano.

Actividades relacionadas

Mi árbol (pág. 141)
Hojas: forma y disposición (pág. 120)
Hojas: margen y venación (pág. 119)
Extras: recortable de tarjetas tres partes «Árboles» (al final del libro), clave dicotómica para la identificación de árboles (web)

Naturaleza preservada

Recolectar tesoros naturales es una actividad a la que pocos niños o adultos se pueden resistir. Todos nos hemos deleitado alguna vez con los colores de esa hoja de otoño o nos hemos reído con el palito que tiene cara de gato, pero, a veces, nos es difícil justificar el hecho de llevarnos los tesoros a casa. ¿Qué haremos con ellos? ¿Dónde vamos a guardarlos?

Materiales

> Prensa de cartón y goma
> Cesto
> Tarros o recipientes para guardar tesoros pequeños o frágiles
> Libro (para guardar especímenes entre sus hojas)
> Tijeras, cepillo, trapo y pinzas
> Marcos (normales o con profundidad)
> Cartulina/tela (para el fondo del marco)
> Cinta adhesiva de doble cara
> Sobres de gel de sílice (opcional)

Aprendizajes invisibles

Preservar tesoros naturales no es únicamente una gran forma de estrechar lazos con la naturaleza, también permite a los niños documentar el paso del tiempo o incluso preservar sus recuerdos y memorias.

Procedimiento:

1. Salir al aire libre con los ojos bien abiertos. Como regla general, hay que recoger únicamente los tesoros naturales que se encuentren en el suelo, pero si se desea tomar una hoja o fruto de una planta, hay que hacerlo con respeto. Usar unas tijeras o una pequeña navaja para cortar en vez de arrancar.

2. Hay que preservar la naturaleza, pero también es importante preservar los recuerdos. Cuando salgas con tus hijos a recolectar tesoros, olvídate del resto del mundo y regálales tu presencia plena. Olvídate de teléfonos, de problemas, de temas pendientes... y disfruta de una sesión de reconexión con tus hijos y con la naturaleza.

3. En casa, limpiar con cuidado los tesoros, con la ayuda de un cepillo y un trapo. Si creéis que pueden quedar bichitos, dejad el cesto en el alféizar de la ventana y pronto se habrán ido. Después prensarlos o montarlos directamente. Se puede hacer una prensa simple con un poco de cartón y gomas.

4. Para montar los cuadros y cajas, hay que dejar volar la imaginación. Preparar la cartulina del fondo y practicar la composición hasta encontrar la que más guste: ¿algo ordenado?, ¿tipo mandala?, ¿con la forma en que se encuentra en la naturaleza? Cuando se logre lo que se desea, usar el adhesivo de doble cara para asegurar los tesoros: se puede emplear también un poco de cola blanca o pegamento de barra y, para los tesoros pesados, hilo y aguja para coserlos sobre el fondo.

¡¡Trucos!!

+ ¿Los sobrecitos de «sílica gel» que se encuentran en paquetes de comida o en cajas de zapatos sirven para absorber la humedad y son perfectos para que las cajas de naturaleza se conserven mejor. Pégalos en una esquina de la caja con celo o pegamento. Ten presente que, aunque sea un material no tóxico, puede causar irritación, por lo que, si crees que tu hijo puede sentir curiosidad por abrir los sacos, ¡no los uses!

+ ¿Buscas cajas con vitrina? Prueba con cajas organizadoras para anillos o cajas para té. Las encontrarás fácilmente (y a precios económicos).

+ ¿Buscas marcos? En las tiendas de segunda mano siempre venden cuadros muy baratos cuyos marcos podréis reciclar fácilmente.

+ ¿Tesoros con mucha materia orgánica? Los tesoros carnosos, como las setas, pueden deshidratarse en el horno a temperatura lo más baja posible (50 °C). Los insectos muertos pueden introducirse en un tarro con sal durante unos días para evitar sustos desagradables.

Un paso más:

Hemos hablado de preservar recuerdos y hablábamos de hacerlo para siempre… En casa tenemos la tradición de escribir una carta y pegarla en la parte posterior de cada cuadro de naturaleza preservada. Algunas las hemos escrito solas para nuestros hijos, otras en familia, otras ellos. Así, el día de mañana las paredes de tu hogar estarán repletas de vuestras historias.

Esta actividad es perfecta para completarla documentando vuestros encuentros en el diario de campo, así podréis estrechar aún más el vínculo con vuestros tesoros y vuestra experiencia.

Variaciones:

* Otra opción para preservar hojas es cubrirlas con una capa fina de cera. De este modo las hojas serán algo más resistentes, ideal para poder manipularlas luego. También se pueden barnizar con cola blanca: no serán tan resistentes pero quedarán brillantes.
* ¿Buscas un resultado muy impactante? Prueba a eliminar el fondo y usar otro cristal o plástico trans-

parente en su lugar. Si cuelgas el cuadro en una ventana, cuando le den los rayos del sol, podréis admirar los colores de vuestros tesoros. Una opción más rudimentaria es usar papel Aironfix (forro de libros).

* Hojas y flores plastificadas. Si tenéis plastificadora en casa, no dejéis de probar esta opción. Una vez plastificadas podéis usarlas para hacer joyería, puntos de libro, guirnaldas o móviles…

Hojas: márgenes y venación

Esta actividad complementa la anterior. Con la idea de empezar con el todo para estudiar luego sus partes, después de ver la forma y la disposición de las hojas es el momento de observarlas con más detenimiento.

Materiales

> Naturaleza preservada
> Hojas: forma y disposición
> Cuaderno de campo
> Estampar con hojas y flores
> Creaciones con tesoros naturales

Procedimiento:

1. Es posible usar únicamente las tarjetas tres partes, pero es recomendable salir a observar in situ, y si no, observar las plantas que haya en casa.
2. Conectar con todos los sentidos al manipular las hojas, pero, sobre todo, hay que aprovechar el tacto: tocar los márgenes, el anverso y el reverso de la hoja. Repasar las venas con el dedo. ¿Qué se siente? ¿Tiene pequeñas vellosidades? ¿Pincha? Intentar describir la planta antes de mirar el vocabulario en las tarjetas.

Aprendizajes invisibles

Con esta actividad los niños agudizan los sentidos al tiempo que aprenden nuevos conceptos botánicos. Trabajar con elementos naturales les permite además fortalecer su conexión con la naturaleza.

Un paso más:

Podéis pegar vuestras hojas en el cuaderno de campo y hacer pequeñas anotaciones sobre sus características.

Las venas de la hoja se parecen a nuestras venas, por ellas circula la savia, llena de agua, nutrientes, hormonas... Pero también tienen una función extra: son el esqueleto de la hoja, su soporte mecánico. Puede que tengáis suerte y encontréis algún esqueleto de hoja en vuestros paseos, pero, si no es así, podéis hacer el siguiente experimento: sumergid una hoja en agua (usad una piedrecita para que quede bien sumergida) e id cambiando el agua con regularidad. La hoja se irá descomponiendo y pasados 7-14 días, si la laváis con cuidado (bajo un chorro de agua, podéis ayudaros con un cepillo de dientes), os quedará su esqueleto.

Actividades relacionadas

Naturaleza preservada (pág. 116)
Hojas: forma y disposición (pág. 120)
Cuaderno de campo (pág. 136)
Estampar con hojas y flores (pág. 149)
Creaciones con tesoros naturales (pág. 153)
Extras: tarjetas tres partes imprimibles
«Hojas: márgenes y venación»

Hojas: forma y disposición

Como las flores, las hojas también son órganos de las plantas y tienen una función muy importante, son las encargadas de producir el alimento que la planta necesita para vivir. Cada hoja es como una pequeña fábrica que transforma el agua y los nutrientes que las raíces absorben en todo lo que necesita la planta. Para que la fábrica funcione necesita aire (dióxido de carbono, CO_2) y luz del sol y, a diferencia de nuestras fábricas, la hoja-fábrica no produce residuos tóxicos, sino el oxígeno que luego nosotros respiramos. Este proceso se llama «fotosíntesis».

Conocer mejor las hojas es el primer paso para poder identificar plantas y árboles.

¡¡Trucos!!

Corta el alambre con cuidado dejando los extremos planos para evitar pinchazos al manipularlo.

Materiales

> Hojas
> Lupa
> Alambre
> Alicates (usar con supervisión de un adulto)
> Imprimibles de la web de extras
> Cuaderno de campo (opcional)

Procedimiento:

1. Es posible usar únicamente las tarjetas tres partes, pero es recomendable salir a observar in situ, y si no, observar las plantas que haya en casa.
2. Con la ayuda de los imprimibles, decidir qué forma tienen las hojas de una planta. En casa o al aire libre, ofrécele a tu hijo un trozo de alambre para que pueda hacer la silueta de la hoja doblándolo con las manos.
3. Fijarse también en cómo están dispuestas las hojas.

Aprendizajes invisibles

Conocer bien las hojas es el primer paso hacia la identificación de las plantas. Con esta actividad el niño desarrolla la capacidad de observación, trabaja un nuevo medio de expresión artística (las esculturas con alambre) e integra nuevo conocimiento y vocabulario.

Un paso más:

Durante la observación de las hojas probablemente notéis la presencia de venas. Estas tienen doble función, de soporte estructural y de transporte. En la siguiente actividad sobre las partes de las hojas se describen en detalle.

Para comprobar la necesidad de la luz, toma una planta y tapa una de sus hojas con papel negro (por encima y por debajo) y otra con plástico transparente. Pasados unos días, descubre las hojas y verás como la hoja tapada con papel negro está más pálida y enfermiza. La que había quedado cubierta con plástico transparente servirá de control: se podrá comprobar que ha sido el hecho de que el papel fuera opaco y no que la hoja esté cubierta lo que la ha hecho palidecer.

Variaciones:

- Las hojas son un material de lo más versátil. En la sección de naturaleza preservada tienes algunas ideas para conservarlas, pero puedes hacer mucho más: guirnaldas para decorar, collares, pulseras o coronas, forrar libretas (¡o un cuaderno de campo!) aplicando una capa de cola blanca debajo y sobre las hojas, puntos de libro...

Actividades relacionadas
Naturaleza preservada (pág. 116)
Hojas: márgenes y venación (pág. 119)
Cuaderno de campo (pág. 136)
Estampar con hojas y flores (pág. 149)
Creaciones con tesoros naturales (pág. 153)
Extras: tarjetas tres partes imprimibles
«Hojas: forma y disposición»

Coleccionar, organizar y clasificar tesoros naturales. Juego libre

Si tus hijos se parecen a los nuestros, apuesto a que tras salir de paseo por la naturaleza regresan con los bolsillos llenos de piedras y palos. A veces la afición pasa con los años, pero otras perdura toda la vida y es que recoger pequeños tesoros naturales es una forma más de establecer vínculos con el entorno. Además, todos estos objetos ofrecen la oportunidad de empezar colecciones y de enriquecer el juego libre de los niños.

Materiales

> Tesoros naturales
> Cajas para organizar
> Microscopio o lupa para observar (opcional)

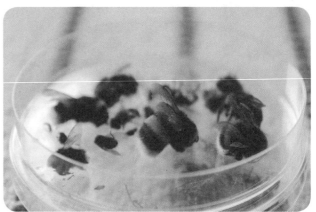

Procedimiento:

1. Durante las escapadas a la naturaleza, llevar un cesto y una caja pequeña para recoger tesoros naturales (las hueveras son perfectas para los tesoros más delicados).
2. Hay que tener presente que muchos animales dependen de los frutos o de los tesoros que hay en el suelo para sobrevivir. Cuando se recolecta hay que hacerlo siempre tratando de no lastimar otros seres vivos. Está bien recoger alguna flor, pero deben quedar también suficientes para que los insectos puedan alimentarse y para que la planta perdure (se reproduzca). Y cuando se encuentre un palo, hay que observar si hay otros organismos usándolo como hogar (musgos, pequeños insectos), en cuyo caso no hay que tomarlo.

Aprendizajes invisibles

Coleccionar ofrece numerosos beneficios: se trabaja la paciencia y la perseverancia, al ir ampliando la colección con el tiempo, se aprende a seleccionar, organizar y categorizar objetos, se integran nuevos conocimientos al identificar y estudiar los especímenes y se practican las habilidades lectoras y matemáticas al escribir los nombres de estos, buscar información en libros e internet, contar y recontar cuántas piedras hay en la colección...

El juego libre (escogido libremente, por motivaciones intrínsecas, y dirigido por el niño) es la mejor herramienta de aprendizaje. Los niños toman control de sus propias vidas, superan sus miedos, adquieren habilidades sociales, solucionan problemas, practican y aprenden nuevas habilidades físicas y motoras, cognitivas y emocionales, desarrollan su resiliencia y sistemas de respuesta al estrés.

¡¡Trucos!!

+ En casa nunca nos sobra sitio, así que cuando se trata de coleccionar tesoros naturales ofrezco un espacio limitado: una caja de herramientas, un costurero o una caja de zapatos... lo que mejor se adapte a tu hogar. Ahora mismo cada uno de mis hijos tiene una pequeña caja de madera para sus objetos más queridos, tenemos un viejo costurero de madera para los tesoros familiares, una caja para semillas y cajas de compartimientos para las colecciones de minerales y fósiles.

+ Una buena idea es colocar los materiales en cestos en la estantería de juegos desestructurados. Los materiales de este tipo de juego no tienen una función fija, sino que el niño usa su imaginación para incorporarlos en su actividad. Palos, piedras y plumas son materiales abiertos perfectos para enriquecer el juego.

Un paso más:

Las colecciones son pequeñas reliquias y seguro que a tu hijo le encantará documentar sus hallazgos en su diario de campo: identificar, fotografiar o dibujar...

Aprovecha cualquier oportunidad para ofrecer nuevas ideas para clasificar: grande/pequeño, liso/rugoso, corto/largo, mar/montaña...

Aprovecha también para contar: ¿cuántos tenéis?, ¿cuántos caben en la caja?, ¿cuántos tocan por cabeza?

Variaciones:

- Se puede preparar una mesa de estación con los tesoros que se encuentren en verano, otoño, invierno y primavera. Puede hacerse también en versión mini, dentro de un cuenco o un plato.
- La próxima vez que salgáis, reta a tu hijo a buscar tesoros de los diferentes colores del arcoíris.

Actividades relacionadas

Naturaleza preservada (pág. 116)
Palo de recuerdos (pág. 134)
Cuaderno de campo (pág. 136)

Flores

La mayoría de las plantas florecen (producen flores) una vez al año, en primavera, pero otras como el aro gigante (*Amorphophallus titanum*) tan solo dan una única flor (¡gigante y con olor fétido!) cada 2-10 años.

Las flores son una parte muy especial de las plantas, no solo por sus vistosos colores, olores y formas, sino también porque son los órganos reproductores: en su interior se encuentran las estructuras necesarias para que una planta pueda generar semillas de las que crecerán nuevos ejemplares.

Para que se forme la semilla hace falta polen. Algunas flores necesitan la ayuda del viento para fecundarse pero otras precisan de otros sistemas, y aquí es cuando intervienen los animales que se alimentan de polen. Al ir de flor en flor, van repartiendo el polen que se les queda pegado al cuerpo y así las flores pueden producir semillas.

Materiales

> Flores
> Pinzas
> Tijeras
> Lupa
> Imprimibles de la web de extras
> Cuaderno de campo (opcional)

Procedimiento:

1. Con esta actividad os invitamos a parar a oler las flores e ir un paso más allá al descubrir qué es lo que esconden en su interior.
2. Recoger algunas flores (siempre con prudencia, pues hay que garantizar la supervivencia del resto de los animales y de la planta) y una vez en casa diseccionarlas e investigar sus partes con la ayuda de los imprimibles.
3. Pegar las partes de la disección en el cuaderno de campo.

Aprendizajes invisibles

Diseccionar flores es una gran oportunidad para enseñar a los niños que hay mucho más, aparte de lo que se ve a simple vista. Esta actividad invita a asombrarse con los mecanismos que desarrolla la naturaleza.

Se practica la motricidad fina al cortar, pegar y sujetar con pinzas, al tiempo que se produce una investigación científica que permite a los niños identificar las diferentes partes de la flor.

¡¡Trucos!!

+ Recomendamos guardar esta actividad en el cajón de ideas y proponerla a los niños un día en que se topen con flores en un paseo o broten flores en las macetas de casa. Como siempre, mejor si hay un contexto para desarrollar la labor.

+ Si te da pena cortar una flor, aprovecha después de un día de viento o lluvia: encontrarás muchas por el suelo.

+ A los niños les gusta llamar las cosas por su nombre, aunque este pueda parecerles complicado. Anima al niño a familiarizarse primero con el vocabulario de las tarjetas tres partes, así cuando encuentre una rosa, podrás decirle: «Mira, esta rosa tiene la corola roja y muchísimos pétalos». Al usar el vocabulario de forma orgánica (mediante la experiencia), el niño integra mejor su significado.

Actividades relacionadas

Naturaleza preservada (pág. 116)
Cuaderno de campo (pág. 136)
Extras: tarjetas tres partes «Flores»

Un paso más:

¿Sabes que hay plantas monoicas, dioicas y hermafroditas? Las plantas monoicas son aquellas en que una planta produce únicamente flores masculinas y otra, las femeninas. Las plantas dioicas en cambio producen flores masculinas y flores femeninas en una misma planta. Por último, las plantas hermafroditas son las que producen flores hermafroditas (los dos sexos en una misma flor). El vocabulario científico lo iréis añadiendo despacito, con los años, pero ahora tenéis algo más que investigar.

Puede que en vuestra investigación os topéis con las siguientes etapas del ciclo de la vida de las plantas y encontréis semillas o frutos desarrollándose. Aprovechad para complementar la actividad con el estudio del ciclo de la alubia.

Mi lugar en el mundo

Puede que dibujar un mapa no te parezca algo complicado. No lo es cuando tienes uno que copiar, pero piensa en los primeros mapas. Hicieron falta muchos años, muchos exploradores viajando y tomando medidas para recopilar toda la información de la que se dispone ahora.

Como la Tierra es una esfera (un poco achatada en los polos), lo más fácil es plasmarla en un globo terráqueo, pero a menudo se usan mapas para representar el lugar donde vivimos. Dibujar los continentes en un folio de papel no es muy difícil, pero hay muchas formas diferentes de hacerlo y es por eso que existen planos con diferentes perspectivas: en algunos el lugar donde vivimos sale en el centro, en otros a un lado...

A veces puede resultar complejo entender la grandeza de nuestro planeta, pero esta actividad es un primer paso para comprender qué lugar ocupamos en este.

Materiales

> Imprimible «Mi lugar en el mundo»
> Materiales para dibujar y colorear
> Foto de vuestra ciudad (opcional)
> Foto de vuestro hijo (opcional)
> Perforadora de papel
> Un trocito de cordel o una anilla de archivador

Procedimiento:

1. Si cuentas con un globo terráqueo, enseña al niño el lugar donde vive. Luego dile que vais a buscar su dirección en el mundo.
   Si no tenéis un globo terráqueo os animamos a que pintéis una pelota o incluso ¡una naranja!
2. Con el imprimible impreso y montado, proceder a colorear el continente escogido, luego el país. Después la comunidad autónoma, pegar una foto o dibujar la ciudad, la calle, la casa y a las personas que viven en ella.

Aprendizajes invisibles

Con este ejercicio el niño encuentra su lugar en el mundo en sentido literal, un primer paso para hallarlo también en su sentido más amplio.

También practica la motricidad fina al cortar, pegar y dibujar.

¡¡Trucos!!

Este imprimible pretende ayudar a establecer toda la cadena desde el planeta hasta el niño mismo. Por ello, en el apartado de «continente» aparecen todos los continentes. Al escoger el suyo y colorearlo, integrará mejor la idea. Y lo mismo con el apartado «país».

Un paso más:

Los mapas más utilizados son los que usan la proyección de Mercator pero mucha gente prefiere la de Peters. Os invitamos a investigar los diferentes tipos de mapa. En el anexo de la entrada «Proyección cartográfica» de Wikipedia tenéis una buena lista.

Si cortáis en rombos finos una naranja-globo terráqueo, podéis explorar el paso de 3D a mapa 2D.

¿Tenéis familia o amigos en el extranjero? Aprovechad para encontrar también su dirección en el mundo.

Practicad la escritura completando el imprimible con su/vuestro nombre, el de vuestra ciudad...

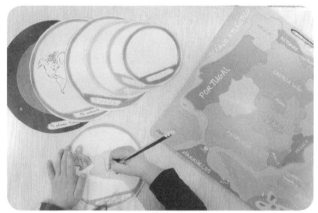

Variaciones:

- ¿Tenéis un juego de matrioskas o cubos apilables? Podéis colocar el mundo en el cubo/muñeca más grande, el continente en el siguiente...
- Para entender mejor el paso de esfera a plano, podéis crear dos semiesferas, por ejemplo usando una bolita de plastilina.

Extras: imprimible «Mi lugar en el mundo»

Los pigmentos de las plantas

Durante la mayor parte del año, las hojas fabrican un pigmento llamado clorofila y las vemos verdes, pero cuando llega el otoño, se producen una serie de cambios. El árbol o la planta pierde las hojas que tanto le ha costado fabricar... pero no quiere desperdiciar nada, así que rompe la clorofila en pequeños trozos que podrá almacenar durante el invierno y reutilizar la primavera siguiente. Cuando la clorofila se descompone, ya no se ve la planta de color verde y surgen el resto de pigmentos/colores.

Materiales

> Hojas de diferentes colores
> Mortero
> Papel secante o filtros de café
> Tijeras y lápices
> Vasos
> Alcohol

¡¡Trucos!!

El alcohol tiene un olor desagradable y no es bueno respirar sus vapores, para evitarlo se pueden cubrir los vasos con papel de film mientras se deja el experimento reposando.

Procedimiento:

1. Recoger hojas de diferentes colores (¡otoño es la mejor estación para ello!).
2. Separarlas por color: un vaso con hojas verdes, otro con amarillas, rojas, naranjas... Y llenar el fondo del vaso con trozos muy pequeños de hoja, para lo que se pueden usar las tijeras y el mortero.
3. Añadir alcohol hasta que las hojas queden cubiertas.
4. Para poder separar los pigmentos, cortar tiras de papel de 1-2 cm de ancho. Mojar solo un extremo y enrollar el otro en un lápiz de forma que quede sujeto sobre el vaso.
5. Los pigmentos irán subiendo por el papel a medida que este absorba la mezcla y pasado un rato se formarán bandas de color, ¡los pigmentos!

Aprendizajes invisibles

Con esta actividad los niños se convierten en científicos y realizan una cromatografía al separar los diferentes pigmentos de las hojas. Pero no solo aprenden sobre ciencias, también trabajan la motricidad fina y la coordinación mano-ojo al cortar y machacar, así como la paciencia al esperar hasta que el experimento termine.

Un paso más:

Podéis usar el cuaderno de campo para describir el estudio.

Animales del mundo

Hay muchas formas de viajar por el mundo, en esta actividad se hará mediante los animales.

Materiales

> Imprimibles
> Globo terráqueo, atlas o mapa de referencia (para localizar países)

Procedimiento:

1. Imprimir el mapa del mundo y las tarjetas de información de la web de descargables.
2. Las tarjetas darán las pistas necesarias para, con la ayuda de un atlas, encontrar el lugar del mundo para cada animal.
3. Autocorrección: cada tarjeta tiene su solución en el reverso. También se puede imprimir el mapa resuelto para poder comparar al acabar.

Aprendizajes invisibles

Con esta actividad, los niños descubren curiosidades sobre animales únicos, al tiempo que integran información geográfica.

Si el niño sabe leer, practicará la lectura con las tarjetas mientras que, si le lee el adulto, practicará la comprensión lectora.

Un paso más:

Podéis escribir en el mapa los países donde viven los animales, los nombres de estos, de los mares...

Extras: mapa del mundo e imprimible «Animales del mundo»

7
AIRE LIBRE

«No hay descripción ni imagen en libro alguno que sea capaz de reemplazar la visión de árboles reales y toda la vida que gira a su alrededor, en un bosque verdadero. Lo que emana de estos árboles nos habla directamente al alma, revelando conocimientos que ningún libro, ningún museo, podrá darnos nunca. El bosque nos revela que no son únicamente los árboles los que existen sino toda una colección de vidas interrelacionadas.»

Maria Montessori,
De la infancia a la adolescencia

Maria Montessori pensaba que la mejor forma de aprender es mediante contacto directo: con la sociedad, con las personas y, sobre todo, con la naturaleza. Como ella misma explica en *De la infancia a la adolescencia*: «Cuando el niño sale, es el mismo mundo quien se brinda al infante. Saquemos a los niños al mundo exterior para enseñarles los objetos reales en lugar de hacer objetos que representen ideas para luego encerrarlos en estanterías y armarios».

Así, para Montessori la naturaleza era una extensión del aula. Su planteamiento nos dice que no hay nada mejor que aprender mediante la experiencia y, en este sentido, la naturaleza multisensorial del medio ambiente proporciona infinitas posibilidades. La luz del sol colándose entre las ramas de un árbol cubierto de hojas, el caracol que se mueve lentamente o el agua que reposa en un charco. En la naturaleza, el niño se centra en aquello que capta su atención, conecta con el entorno utilizando todos sus sentidos y encuentra el nivel de estimulación justo. Ni más ni menos. El que él necesita. La curiosidad le motiva a buscar respuestas, la emoción hace que los nuevos conocimientos se integren y la repetición lleva al perfeccionamiento y al uso creativo de las habilidades adquiridas.

Pasar tiempo en el entorno natural presenta numerosos beneficios en el desarrollo de los niños: físicos, sociales, cognitivos, de conexión con la naturaleza y desarrollo de conciencia ecológica... Es por ello que son ya muchos los países que integran las experiencias de Escuela Bosque° en los diferentes proyectos educativos. Jugar al aire libre refuerza el sistema inmune de nuestros hijos y les ofrece oportunidades para trabajar la motricidad, el equilibrio y la propiocepción. Además, en la naturaleza la curiosidad de los niños los lleva a explorar e investigar, lidiando constantemente con nuevos retos. Las actividades que se presentan en este apartado ayudarán a trabajar las diferentes áreas del desarrollo infantil para acompañar a los niños en su desarrollo integral.

Como seres sociales que somos, consideramos el amor y la conexión como necesidades básicas para nuestro correcto desarrollo. Desde Alfred Adler y Rudolf Dreikurs (en cuyos estudios se basa la disciplina positiva) hasta Abraham Maslow, son muchos los psicólogos y educadores que han situado el sentimiento de pertenencia y significado como nuestro objetivo primario. La finalidad última de nuestros actos es sentir conexión con nuestros seres queridos o con la sociedad en que vivimos. Pero a menudo olvidamos uno de los elementos imprescindibles para completar la ecuación: el entorno. Para alcanzar el sentimiento de pertenencia hace falta trabajar las conexiones entre personas y las conexiones

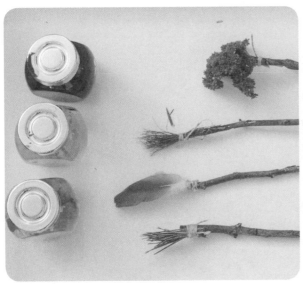

con nuestro entorno. Podríamos decir que la gran crisis ecológica a la que estamos haciendo frente se debe precisamente a esta disociación entre las personas y el lugar donde viven. No importa si se trata de nuestro lugar de residencia permanente o temporal, los lazos con el entorno son imprescindibles para la formación de la identidad. Al trabajarlos no solo estaremos reforzando nuestro sentido de pertenencia, sino que puede que, como resultado, el día de mañana formemos parte de una sociedad sostenible. Para ello, hace falta empezar a pequeña escala, de forma local. Antes de trabajar los grandes problemas ecológicos con nuestros hijos, debemos permitir que desarrollen una estrecha relación con su entorno. Primero dejaremos que se maravillen y que cultiven la conexión física y emocional con la naturaleza que les rodea, pues no hay mejor manera de cuidar que amando primero.

Seguro que ya conocerás lo de que no hay mal tiempo, sino solo ropa inadecuada. Bien, aquí lo reiteramos y espero que después de leer las propuestas te decidas a ponerlo en práctica. No

hacen falta grandes inversiones, bastará con que si hace frío os vistáis muchas capas, la última de ellas impermeable, y llevar una infusión o bebida caliente en un termo y algo para picar. Cuando uno disfruta de la naturaleza incluso en las condiciones más adversas, algo mágico pasa y ya no hay vuelta atrás.

No importa si vives en el campo, en un pequeño pueblo o en una gran ciudad, la naturaleza se encuentra en todas partes, solo hace falta mirar con atención. Las actividades que se proponen a continuación pueden llevarse a cabo en una reserva natural de postal o en el parque que hay junto a tu casa. Lo importante es salir y empezar a interactuar con el mundo que os espera ahí fuera. Recuerda que el mejor aprendizaje ocurre cuando te olvidas de impartir conocimientos y te centras en acompañar a tus hijos en un viaje hacia el descubrimiento. No hace falta que andes cargada, un frasco, una lupa y los sentidos bien despiertos es todo lo que necesitáis para empezar a notar y percibir los pequeños detalles que os conducirán a grandes hallazgos.

* Para más información sobre Escuelas Bosque visita <www.escuelasbosque.com>.

Palo de recuerdos

Los palos de recuerdos o palos de viaje se usan desde hace mucho, mucho tiempo. Su origen se remonta a los nativos americanos y los aborígenes australianos. Se cree que antes de la llegada de los colonos europeos, se hablaban más de 250 lenguas aborígenes en Australia y estas no poseían una escritura propia. Para poder comunicar mensajes entre tribus, los nativos usaban palos en los que dibujaban símbolos y los mandaban con un mensajero a modo de cartas. Del mismo modo, para recordar sus viajes y ser capaces de explicarlos luego a otras personas, empleaban palos de recuerdos. Al iniciar un viaje, escogían un palo y luego iban atando a este los diferentes objetos que encontraban: hojas, frutos, plumas... De modo que al final lograban un mapa lineal de su viaje que les servía para recordar las experiencias y emociones que habían sentido durante el camino.

Lo más especial de los palos de recuerdos es que no hay dos iguales, todos son únicos. Son un diario personal para capturar pequeños instantes, momentos para recordar. No hay una forma correcta de hacerlos, puedes usar cordel, lanas o gomas elásticas para ir recogiendo recuerdos.

Materiales

> Palos (si piensas que no los encontrarás caídos por el suelo)
> Gomas elásticas o lana/cordel
> Tijeras

Procedimiento:

1. Buscar una ruta. El adulto deberá explicar a los niños que van a iniciar una aventura y puede que luego quieran explicarla a familiares y amigos. Para ayudarles a recordar el paseo, harán palos de recuerdos.
2. Buscar palos y comenzar el recorrido.
3. Ir atando los recuerdos empezando en uno de los extremos del palo. Lo más fácil es asegurarlos enrollando la lana alrededor, en lugar de hacer nudos.
4. Al finalizar, dedicar un tiempo para admirar los palos: las diferentes texturas, colores... Alienta al niño para que explique su viaje. Puedes empezar explicándole tú el tuyo. Si a tu hijo le cuesta o es aún muy pequeño céntrate en describir los objetos o pregúntale por qué los ha escogido: «¿Qué es lo que más te gusta de esta hoja?».

¡¡Trucos!!

+ Para facilitarles la tarea a los niños más pequeños, puedes envolver unas cuantas gomas elásticas alrededor del palo para que el pequeño únicamente tenga que ir enganchando sus recuerdos.
+ A los que se defienden mejor con las manos, puedes ofrecerles lanas de diferentes colores para que puedan ir atando sus recuerdos.

Aprendizajes invisibles

En esta actividad los sentidos cobran vital importancia, el niño está realmente presente y atento, conectando con la naturaleza e identificando aquello que capta su interés.

No solo tendrá que concentrarse y prestar atención, también desarrollará sus habilidades motrices finas al atar tesoros al palo y desarrollará sus habilidades comunicativas al explicar luego la historia de su viaje. Como adulto, puedes fijarte en qué tipo de estímulos captan más el interés del niño. ¿Oye sonidos de pájaros? ¿Se centra en aquello que ve? ¿En aquello que siente? Si tú también elaboras tu palo de recuerdo, podrás, mediante el modelaje, ayudarle a despertar aquellos sentidos que tenga más adormecidos: «Esta hoja va a recordarme los rayos del sol que se cuelan por la copa del árbol hasta alcanzar mi mano».

Un paso más:

Si quieres profundizar más, una vez en casa o todavía al aire libre podéis tratar de identificar los tesoros. ¿De dónde provienen? ¿Para qué los usan las plantas o los animales? ¿Qué podríamos hacer para asegurarnos de que plantas y los animales puedan seguir usándolos?

Si habéis trabajado la identificación de flora y fauna, podéis intentar poner nombre a vuestros tesoros: ¿es una hoja de fresno? ¿Una pluma de cuervo?

También puedes remarcar que cada palo de recuerdos es diferente incluso cuando habéis recorrido el mismo camino. Cada persona vive una experiencia distinta.

Variaciones:

* Puedes usar un código de colores (gomas elásticas o lanas de diferentes colores) para clasificar los recuerdos (olores, sonidos, emociones, avistamientos, lugares, pensamientos...).
* Utiliza el palo de recuerdos para inventarte al final una historia: había una vez un roble lleno de bellotas donde vivía una ardilla que adoraba las hojas verdes...
* Puedes intentar buscar recuerdos de todos los colores del arcoíris.

Cuaderno de campo

Los fundamentos de la historia natural se encuentran en cuidadosas observaciones y rigurosas anotaciones. Muchos de los conocimientos actuales sobre la naturaleza y los seres vivos provienen directamente de los cuadernos de campo de científicos y naturalistas que, con suma atención, usaron todos sus sentidos para narrarnos y describirnos sus experiencias en el medio natural.

Crear un cuaderno de campo es realmente sencillo. Se trata de abrazar el ritmo suave de la vida, explorar la belleza que nos rodea y experimentarla de primera mano. Es una forma de vivir en el asombro y la maravilla. Para el niño, la página en blanco de su cuaderno tiene un potencial ilimitado. Podrá dibujar en ella todo lo que sienta.

Materiales

> Una libreta de hojas blancas (se puede fabricar en casa un cuaderno-palo, tal como se ve en la página 138)
> Materiales para dibujar y/o colorear
> Opcional: lupa y regla/cinta métrica

Procedimiento:

1. Preparar los cuadernos y los materiales artísticos.
2. Dirigirse a un entorno natural: un parque cercano, en el monte o en casa, observando alguna planta o mirando por la ventana.
3. Dedicar unos minutos a conectar todos los sentidos. ¿Hace frío? ¿Sopla el viento? ¿Se oyen los pájaros cantar? ¿Huele a césped mojado? Observar cuidadosamente y plenamente conscientes y dibujar aquello que capte la atención.
4. Escribir el lugar y la fecha (y las condiciones climáticas si apetece) para que las observaciones sean un registro científico al que se pueda volver (y usar para hacer comparaciones e hipótesis).
5. No hay que preocuparse mucho por los nombres de las especies de plantas y animales pues, al fin y al cabo, son únicamente etiquetas superficiales. Mejor centrarse en observar detenidamente, percibir los colores, las formas, las texturas... Ya habrá tiempo para nombres científicos, hay que comenzar por lo tangible.
6. A los dibujos se les puede añadir pequeñas anotaciones. ¿Qué hace el pájaro? ¿Cuántos pétalos tiene la flor? ¿Cómo describirías el ruido que emite el grillo? Se puede seguir el esquema del método científico (descrito en la introducción de este bloque) para hacer nuevos descubrimientos.

Aprendizajes invisibles

Mantener un diario de naturaleza ayuda al niño a desarrollar su creatividad e imaginación, al tiempo que mantiene la mente curiosa. Mediante la observación, percibe y documenta, estableciendo teorías sobre cómo funciona el mundo y ahondando en sus conocimientos.

Se trata también de un ejercicio de concentración que ayuda a despertar y expandir los sentidos y la conciencia. A la vez, se entrena a la mente para que pueda prestar atención.

Con el acto mecánico de anotar y dibujar se trabaja la coordinación mano-ojo y las habilidades lingüísticas para interactuar activamente con el entorno natural. Sin olvidar que también se trabajan las habilidades artísticas.

Por último, mantener un diario es una buena forma de recordar pensamientos y experiencias.

Un paso más:

Si te gusta acompañar a tus hijos, pero no te sale sentarte a dibujar, puedes leerles o explicarles una historia sobre lo que ellos dibujan, ya sea ayudándote de internet o improvisando. Los mejores relatos son los que fluyen con el momento.

La mayor parte del tiempo el cerebro retiene solo la información básica y superficial que garantiza la supervivencia. La estrategia va muy bien, pues deja la mente libre para reaccionar a los estímulos que puedan llegar, pero al trabajar con el cuaderno de campo se busca justo lo contrario: hacer observaciones profundas de la naturaleza. Para ello puedes usar estas tres provocaciones:

• «Yo noto...» Habla en voz alta sobre lo que percibes. Al describir con la voz lo que ves, ayudas al cerebro a procesar cada observación de forma más profunda al tiempo que conviertes el ejercicio en una actividad social.

• «Yo me pregunto...» Algunas preguntas sabrás responderlas: «Me pregunto qué está haciendo ese pajarito. Parece que se está bañando...». Para otras no la tendrás y será una puerta abierta para seguir con la investigación.

• «Me recuerda...» Prueba de verbalizar tantas conexiones como seas capaz. «Más conexiones» significa una memoria más rica.

Para acordarte de las tres provocaciones (yo noto, me pregunto, me recuerda), aquí tienes un recordatorio visual:

! ? =

Es bueno establecer conversaciones sobre las observaciones. Por un lado, les invitarás a profundizar o reflexionar y por otro puedes aprovechar para hacer tantas interconexiones como puedas (los brotes empiezan a crecer porque ha llegado la primavera, todas estas hojas muertas que hay en el suelo van a ser descompuestas y proporcionarán nuevos nutrientes al suelo). También puedes introducir el vocabulario del método científico.

Otra opción es intentar añadir escala a los dibujos, ya sea midiendo con una cinta métrica o usando expresiones del tipo: es tan grande como mi pie, es más alto que yo... El cuaderno de campo sirve también para trabajar las habilidades matemáticas y debes aprovechar cualquier oportunidad que surja para contar, medir y hacer estimaciones.

Con los niños algo más grandes (o si los pequeños muestran interés) puedes pasar a la identificación. A veces es interesante llevar guías de bolsillo a las excursiones y usarlas al llegar a casa. Las guías de campo se convierten en pequeños cofres de tesoros en forma de conocimiento y son perfectas para saciar nuestra curiosidad.

Si aún quieres más ideas, puedes hacer comparaciones (o buscar diferencias) entre dos especímenes o dos lugares diferentes. Puedes dibujar secciones transversales o vistas aéreas (como un mapa) o, si estás dibujando una flor o un fruto, puedes cortarlos y dibujar su interior.

Cuaderno-palo:

1.

Cartulina de color (para portada y contraportada)

2.

> Papel grueso
> Taladro para papel
> Ramita/palo
> 2 gomas de pollo

¡¡Trucos!!

+ Modelar con el ejemplo es muy importante para disfrutar de la naturaleza. Tu entusiasmo es contagioso. Deja que el gozo, el asombro y la alegría impregnen el ambiente.

+ Si vais a usar acuarelas o rotuladores, escoged un papel grueso para evitar frustraciones. El tamaño A5 os resultará manejable y fácil de transportar.

+ Si la tenéis, usad una libreta con espiral (para poder pasar bien las páginas) o el cuaderno-palo con una superficie rígida donde apoyaros (una carpeta con pinza va de maravilla).

+ Si os lo podéis permitir, usad materiales artísticos de calidad. En casa preferimos comprar menos pero mejor por dos razones: se pinta mejor con pigmentos de calidad y porque tener menos ayuda a valorar más.

+ Lleva contigo una bolsa zip para meter el cuaderno dentro si llueve. El cuaderno se convierte al final en un pequeño tesoro y no desearás que se moje.

+ Si no sabéis por dónde empezar, probad a delimitar un círculo con una cuerda. Centraros solo en lo que percibís dentro de círculo. Delimitar una zona invita a mirar más detenidamente a lo que de normal puede pasar desapercibido.

+ Aprended a andar como los zorros, sin hacer ruido alguno, para no asustar a los animales. Relaja el cuerpo y flexiona ligeramente las rodillas. Da un paso y apoya primero la punta del pie (los dedos). Despacio, apoya el resto del pie, pero si notas que vas a hacer algún ruido, mueve la punta del pie hacia otro lugar. Cuando ya has apoyado todo el pie, mueve todo tu peso hacia este para poder dar otro paso.

Variaciones:

• Si dibujar *in situ* no es lo vuestro o el día que te has llevado los cuadernos tus hijos no muestran interés por la actividad (prefieren remojarse los pies en el arroyo), no pasa nada. Hay mucha gente que prefiere dibujar en casa. Podéis tomar fotos de aquello que os gustaría dibujar o recoger también algunos tesoros naturales con la misma finalidad. Si vais a tomar fotos, lo ideal sería que las pudiera hacer el propio niño. Si no estás seguro de prestarle tu teléfono móvil, intenta hacerte con una cámara digital. Ahora que mucha gente se ha comprado cámaras réflex, las cámaras viejas han quedado olvidadas.

• Si os gustan las plantas, también podéis transformar vuestro cuaderno de campo en un herbario, tomando muestras de las plantas y añadiéndolas al cuaderno. Esta es también una opción para los muy, muy chiquitines que aún no dibujan gran cosa.

• Lo ideal con el cuaderno de campo es usarlo de forma regular y así observar cambios a lo largo del tiempo. El «tiempo» pueden ser el paso de las estaciones o una flor que se abre por la mañana y se cierra de nuevo al anochecer.

• Podéis acompañar vuestras observaciones con un juego de roles: ¿qué se siente al ser un diente de león meciéndose con el viento? ¿Cómo salta ese pajarito? Convertiros por unos instantes en otros seres vivos os ayudará a entenderlos mejor y, además, las risas están aseguradas.

• También podéis convertir vuestro cuaderno de campo en un proyecto familiar en que todos compartís un mismo cuaderno.

Actividades relacionadas

Naturaleza preservada (pág. 116)
Coleccionar, organizar y clasificar tesoros naturales (pág. 122)
Estampar con hojas y flores (pág. 149)
Mi árbol (pág. 141)

Cámara fotográfica: el juego de replicar

En esta actividad, los niños se convertirán en cámaras fotográficas para localizar tesoros en su entorno. Tendrán que afinar su capacidad de observación y asociar cada tesoro con su posible origen, un juego que comporta movimiento y concentración a partes iguales.

Materiales

> Objetos del entorno natural
> Pañuelo

Procedimiento:

1. Mientras el niño está entretenido, recoger tesoros naturales (3, 5, 10, en función del grado de dificultad que se desee darle a la actividad) y cubrirlos con un pañuelo.
2. Llamar al niño para que descubra los tesoros y dejar que los observe durante 30 segundos. Animarlo a crear una imagen en su mente.
3. Cubrir los tesoros de nuevo e invitar al niño a encontrar otro ejemplar de cada uno.

Un paso más:

Cuando tu hijo haya encontrado todos los tesoros, hablad de estos. Pregúntale dónde los ha encontrado, y si no lo sabe, explícale qué son y para qué pueden servir. ¿Tienen algún uso para los humanos? ¿Son alimento para algún animal?

También podéis documentar los encuentros en vuestro diario de campo o llevarlos a casa para vuestra colección.

Aprendizajes invisibles

En este juego no solo se ejercita la memoria y la capacidad de observación, también se hacen conexiones y se aprende sobre la naturaleza que nos rodea, estrechando los lazos con esta, al tiempo que se practica la concentración y el movimiento.

¡¡Trucos!!

+ No recojas ningún tesoro que pueda ser venenoso.
+ Evita también los tesoros singulares o difíciles de encontrar. Por un lado, deseas que el niño sea capaz de encontrar otro igual y, por otro, no debes pretender privar a la naturaleza de aquello que ya le es escaso.

Variaciones:

- Podéis limitar el tiempo de búsqueda a x minutos (2, 5, 10, en función de la edad y el número de tesoros).

Actividades relacionadas

Cuaderno de campo (pág. 136)
Coleccionar, organizar y clasificar tesoros naturales (pág. 122)

Mi árbol

El «paso del tiempo» es un concepto abstracto y complicado para los más pequeños, ellos viven anclados en el presente, pero entenderlo les ayudará a comprender mejor el mundo que les rodea.

Una idea fácil para ayudarles consiste en visitar un mismo árbol durante un año y así observar (y documentar) las diferentes estaciones y los cambios que estas conllevan.

Materiales

> Un árbol que os guste
> Lupa
> Cinta métrica
> Un cuaderno de campo o papel y materiales para dibujar y colorear si se quieren documentar los cambios
> Un pañuelo para vendar los ojos

Procedimiento:

1. Visitar una zona boscosa, y si no se puede, un parque servirá, pues solo se necesita un árbol para entrar en contacto con él.
2. Dejar que el niño lo explore, lo toque, lo abrace, lo huela...
3. Repetir la experiencia (con el mismo árbol) al menos una vez en cada estación.

Aprendizajes invisibles

Este es un ejercicio sensorial que ayuda a despertar y expandir los sentidos y la conciencia, de observación y concentración, pues se entrena la mente para ello. Además, ayudarás a los pequeños a asimilar el concepto de «paso del tiempo», practicarán las habilidades lógico-matemáticas y la inteligencia naturalista.

¡¡Trucos!!

+ Ayuda a tu hijo a explorar las características que hacen de este árbol un espécimen singular, único. Haz sugerencias específicas como: ¿quieres tocar su corteza con tu mejilla?, ¿es fina?, ¿es rugosa?, ¿crees que este árbol tiene más años que tú?, ¿puedes rodear su tronco con tus brazos?, ¿hay líquenes?, ¿hay animales?, ¿cómo huele?, ¿tiene raíces que sobresalgan?

+ Alienta a tu hijo a identificar características específicas de cada estación del año. Aquí tienes algunas ideas para explorar cada estación:

• **Invierno:** la forma del árbol sin hojas (si es de hoja caduca), la corteza.
• **Primavera:** los brotes que empiezan a crecer, flores u hojas, ¿qué va antes?; regreso de la vida animal (contar e identificar).
• **Verano:** estudiar la hoja en detalle, los frutos que empiezan a desarrollarse
• **Otoño:** el cambio de color de las hojas (si es de hoja caduca), estudio de la fauna.

Un paso más:

Aprovechad para usar la cinta métrica y medir la circunferencia del tronco y de las ramas, la longitud de estas... A partir de la circunferencia del tronco podéis inferir la edad del árbol. Aquí tenéis el crecimiento medio por año de las especies más comunes en España (en cm).

ÁRBOL	CRECIMIENTO*
Árbol medio	2,8 cm/año
Encina	1,2 cm/año
Pino	3 cm/año
Roble	3,8 cm/año
Haya	2 cm/año
Castaño	1,8 cm/año

* Las medidas de crecimiento son aproximadas, puesto que se ven fuertemente influenciadas por el clima (agua, frío...).

Ejemplo: el perímetro de mi roble es de 90 cm, y como el roble crece a razón de 3,8 cm/año = 90/3,8 = 23,7 años.

Variaciones:

- El primer día que visitéis vuestro árbol, podéis hacerlo con los ojos vendados. A una distancia que consideres segura, venda los ojos del niño y guíale con cuidado hacia el árbol. Este tipo de experiencias ayudan a reforzar los lazos y la confianza entre tu hijo y tú, así que conviértelo en un momento mágico, tómate tu tiempo y deja que conecte todos sus sentidos. Ayúdale a explorar el árbol con los ojos vendados y luego apártate unos metros antes de retirar la venda (puedes dar un pequeño rodeo si quieres despistar). ¿Será capaz tu hijo de volver a reencontrarse con su árbol? Puedes ayudarle diciendo «caliente» si se acerca o «frío» si se distancia.

Otro truco para medir coníferas jóvenes es contar el número de anillas de ramas que presentan, pues suelen formar una nueva anilla cada año. Cuando crecen, las ramas más bajas empiezan a caer, con lo que hará falta observar las marcas que estas dejan en el tronco.

En vuestro diario de campo podéis añadir hojas, frutos o incluso el calco de la corteza. También podéis identificar vuestro árbol con la actividad de la sección de mundo natural o con una guía de campo.

Si tenéis acceso a un estetoscopio, podéis usarlo al inicio de la primavera para escuchar el sonido de la savia que empieza a fluir dentro del tronco y compararlo con el latido de vuestro corazón.

Para estrechar aún más el vínculo con el árbol, intenta reproducir su silueta con tu cuerpo. Podéis hacer varios movimientos para reproducir esas ramas bajas o la piña que sobresale a un lado. También podéis usar una cuerda para dibujar su silueta en el suelo y luego recorrerla con las manos, con los pies...

Escuchad *Las cuatro estaciones* de Vivaldi y pintad un árbol en cuatro momentos distintos: ¿en qué se diferencian? ¿Sabes que hay personas que ven la música? Es un proceso que se llama «sinestesia» y algunos artistas como Kandinsky tenían esta cualidad.

Actividades relacionadas

Estudiar los invertebrados (pág. 156)
Árboles (pág. 115)
Hojas: forma y disposición (pág. 120)
Cuaderno de campo (pág. 136)

Tejer nidos

Los nidos de los pájaros son increíbles. Cada especie tiene sus propias técnicas de construcción y sus materiales favoritos y son capaces de construirlos usando únicamente las patas y los picos. ¿Sabes que los tordos emplean barro para forrar el interior de sus nidos? ¿O que el mirlo usa telas de araña para darle estabilidad y plumas para forrar su interior?

Aprendizajes invisibles

Con esta actividad los niños trabajarán la concentración, la motricidad fina y la perseverancia, al tiempo que reforzarán sus vínculos con la naturaleza.

Un paso más:

Podéis forrar el interior de los nidos con barro o plumas o incluso hacer un nido abovedado (con techo).

Podéis ofrecer materiales a los pájaros para ayudarles en sus construcciones. Seguro que has visto en Pinterest numerosas imágenes de recipientes llenos de trocitos de lana de diferentes colores. Nuestro consejo es que intentes evitarlo y, si los usas, emplees lana natural (no mezclas sintéticas) y cortes trozos cortos de 2-3 cm para evitar que los pájaros puedan estrangularse. En su lugar, puedes usar fibras de coco, bolas o discos de algodón, lana para fieltrar (lana sin hilar), corteza o los mismos materiales que habéis recogido para hacer el nido.

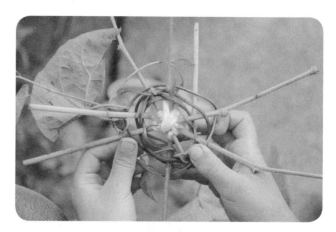

Materiales

> Ramas flexibles, hierba seca, barro, plumas u otros materiales
> Tijeras
> Hilo

Procedimiento:

1. Tomar un manojo de hierba seca y moldearlo como un cuenco, improvisando y creando un nido de estilo libre.
2. Tomar cuatro o cinco ramas flexibles, colocarlas formando un asterisco y atar el centro con el fin de que sirva de esqueleto para ir entretejiendo otros materiales.

¡¡Trucos!!

Esta actividad es perfecta para Pascua, cuando los huevos (de chocolate) cobran protagonismo.

Actividades relacionadas

Aves (pág. 112)
Comedero para pájaros (pág. 32)

El reto de la caja de cerillas

Esta actividad invita al niño a centrarse en lo minúsculo. Todos nos admiramos fácilmente ante la belleza de una montaña o de una flor, pero a menudo los tesoros más pequeños pasan desapercibidos. Ponle solución.

Materiales

> Caja de cerillas vacía o plantilla imprimible
> Lupa

Procedimiento:

Es posible llevar a cabo esta actividad en cualquier lugar, pero siempre es mejor visitar un bosque, un parque, la playa o cualquier otro sitio con tesoros naturales. El juego es simple, bastará con llenar una caja de cerillas con el mayor número de tesoros posible.

Un paso más:

Al acabar, invita al niño a contar y clasificar sus tesoros. Cualquier actividad ofrece oportunidades para trabajar las habilidades lógico-matemáticas.

Probablemente tu hijo venga a enseñarte y contarte todo lo que ha encontrado, pero si no lo hace, cuando ya esté cansado de recoger, pregúntale: ¿dónde ha encontrado esa semilla?, ¿de qué puede ser?, ¿ha encontrado algo rojo? Es un buen momento para establecer conversaciones.

Con la ayuda de la lupa podéis investigar los tesoros en busca de patrones curiosos u otras peculiaridades.

Variaciones:

• Podéis establecer un límite de tiempo e intentar encontrar un número determinado de tesoros o tesoros de todos los colores del arcoíris.

Extras: plantilla imprimible «Caja de cerillas»

Aprendizajes invisibles

Las cosas más pequeñas pueden ser de lo más asombrosas. Con esta actividad el niño podrá trabajar un nuevo punto de vista, al tiempo que mejorará la motricidad fina y la conexión con el entorno natural.

¡¡Trucos!!

Si no tenéis cajas de cerillas vacías, no os preocupéis: en la web de extras tenéis una plantilla descargable que podéis decorar a vuestro gusto.

Crear con hielo

¿Alguna vez te has parado a pensar en lo maravillosa que es el agua? Cuando abrimos el grifo, es líquida. Cuando ponemos una olla a hervir, se vuelve gas. Cuando hace mucho frío o la ponemos en el congelador, tenemos hielo. El agua es el hogar de numerosas criaturas y es el sustento de la vida en la Tierra, ¡incluida la nuestra!

Cuando el agua se congela nos abre la puerta a la exploración creativa y no hay nada mejor que las actividades que mezclan arte y ciencia.

Materiales

> Tesoros naturales
> Recipientes para reciclar (los tetrabriks y los envases de yogur van genial)
> Platos de plástico o tapas de envases
> Recipiente con agua (botella o jarra para practicar los trasvases)
> Cordel
> Tijeras
> Globos

¡¡Trucos!!

+ Esta actividad es ideal tanto para invierno (cuando podréis usar las bajas temperaturas para congelar el agua) como para verano (cuando el hielo os ayudará a refrescaros del calor sofocante).
+ Las bañeras de agua caliente y los tesoros helados son también una combinación genial. Diversión garantizada, además de poder observar qué ocurre con el hielo cuando la temperatura aumenta.
+ Explica a tu hijo que el agua se expande (ocupa más espacio) cuando se congela y por eso no llenáis los recipientes hasta arriba.
+ Para introducir tesoros en un globo os será más fácil si primero lo hincháis un poco para que la goma se dilate.

Aprendizajes invisibles

Con esta actividad el niño aprende sobre los cambios de estado de la materia, al tiempo que trabaja la creatividad, la estimulación sensorial y la observación e interacción con la naturaleza.

Procedimiento:

Recoger tesoros naturales (con cuidado de no maltratar la naturaleza) y colocarlos en distintos recipientes para hacer medallones, farolillos o esferas.

Medallones:

* Colocar los tesoros en tapas o platos y cubrirlos con agua. Cortar un pedazo de cordel y sumergir la mitad en el agua (servirá para colgar los tesoros congelados). Dejarlos en el congelador hasta que se hielen.

Farolillos:

* Colocar los tesoros en un recipiente y llenarlo con agua hasta la mitad. Colocar dentro un recipiente más pequeño para crear un agujero para la vela. Con el fin de que el recipiente pequeño se hunda un poco, llenarlo de arroz, canicas, piedras... Dejarlos en el congelador hasta que se hielen.

Esferas:

* Introducir los tesoros en un globo y llenarlo con agua. Atarlo y dejarlo en el congelador. La parte del globo que reposará sobre la bandeja del congelador quedará plana y te servirá para colocar una vela encima. Al día siguiente corta el nudo con cuidado y retira el resto del globo.

Medallones

Farolillos

Esferas

Un paso más:

Aprovecha para expandir vocabulario e introduce términos como: sólido/líquido/fluido, helado/templado/caliente, etc.

Si hace sol, no perdáis la oportunidad de observar cómo se refleja la luz en el hielo. También podéis mirar a través de este: ¿se ve todo más grande o más pequeño?

Actividades relacionadas

Estados de la materia (pág. 102)

Variaciones:

* Si queréis jugar con el color, podéis añadir colorante alimentario o témpera no tóxica diluida con agua. Después podréis usar las creaciones para pintar sobre papel o tela y tener así una pieza de arte más permanente.
* Podéis convertir la actividad en una sesión de arqueología usando un martillo para liberar los tesoros naturales de dentro del hielo.

Pintar con colores y pinceles naturales

En esta actividad el niño se convertirá en un pequeño alquimista explorando los colores y las texturas de la naturaleza. Como a veces sacar las pinturas en casa da algo de pereza (¿quién no ha pasado horas limpiando pintura del sofá, de las sillas...?), os invitamos a llevar a cabo talleres creativos al aire libre. Y no solo eso, también se trata de prescindir de pintura y usar los colores que nos ofrece la naturaleza.

Materiales

> Papel o tela para pintar
> Un soporte (un caballete, atar la tela entre dos árboles o una bandeja sobre la que colocar el papel)
> Mortero
> Recipientes/bolsa
> Agua
> Pinceles o palos y cordel (para hacer tus propios pinceles)
> Materiales naturales para crear color
> Ropa que no importe manchar

Procedimiento:

1. Usar el mortero o una roca para machacar cualquier cosa que pueda generar color: un trozo de carbón de un palo a medio quemar, pétalos de diferentes flores, frutos, hojas.
2. Mezclar el resultado con agua hasta lograr una pasta y usarla para pintar.

Aprendizajes invisibles

Esta es una actividad artística que invita a dar rienda suelta a la imaginación y ser creativos al tiempo que se practica la motricidad fina, pero es además un juego de conexión con la naturaleza, pues con él se descubren algunos de los recursos que brinda.

¡¡Trucos!!

La pintura más fácil de hacer es el barro. Podéis buscar arena de diferentes colores y crear toda una paleta en tonos tierra.

Un paso más:

En lugar de pinceles puedes usar las manos o crear pinceles atando elementos naturales en el extremo de un palo.

Variaciones:

- ¿Y si en lugar de pintar sobre papel o tela decoráis el cuerpo? Podéis hacerlo de forma artística o intentar camuflar la mano con el entorno, como si fueseis un búho reposando en el tronco de un árbol o un camaleón. El camuflaje es una técnica muy importante en la naturaleza, de ella depende la supervivencia de muchos animales.

Actividades relacionadas

Estampar con hojas y flores (pág. 149)
Hacer lápices (pág. 165)

Estampar con hojas y flores

Esta actividad ayuda al niño a descubrir los patrones y texturas de la naturaleza de forma creativa.

Materiales

> Tela o papel
> Superficie plana, maza o martillo
> Tijeras, hojas y flores

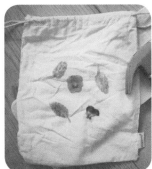

Procedimiento:

1. Cortar la tela o el papel a la medida deseada y colocarlos sobre una superficie plana.
2. Buscar hojas y flores y disponerlas sobre una de las mitades de la tela/papel.
3. Doblar la tela o el papel para que las flores y hojas queden cubiertas y golpear con la maza. Desdoblar, retirar los restos vegetales y admirar los patrones y colores.

Variaciones:

- En lugar de tela o papel, podéis usar arcilla y presionar los vegetales para estampar sus patrones en este.
- También podéis emplear pintura y probar con las verduras que tenéis en casa.

Actividades relacionadas
Pintar con colores y pinceles naturales (pág. 148)
Hojas: forma y disposición (pág. 120)
Hojas: márgenes y venación (pág. 119)

Aprendizajes invisibles
Aunque no identifiquéis activamente las hojas y las flores con las que trabajáis, esta actividad pondrá al descubierto los más pequeños detalles de cada parte vegetal, lo que contribuirá a un mejor conocimiento de la flora que os rodea. Además, se trata de una exploración creativa que requiere de coordinación ojo-mano para golpear sobre las hojas y flores.

¡¡Trucos!!
- Esta actividad funciona mejor en primavera cuando las hojas tienen más contenido de agua y hay más diversidad de flores.
- Si queréis estampar bolsitas de tela, solo hace falta girar la bolsa del revés (las costuras por fuera) y colocar las hojas y flores dentro, antes de golpearlas.

Un paso más:
Si estampáis sobre tela, podéis usarla para coser algún ítem, como una pequeña bolsa para guardar tesoros.

Pintar con agua

En realidad, para pintar no hacen falta pinturas, ni compradas ni fabricadas en casa: basta con un poco de agua. Crear con agua es divertido y nos acerca también al arte efímero.

Materiales

> Un recipiente con agua
> Pinceles
> Tesoros naturales, animales de plástico...

Procedimiento:

Humedecer el pincel con agua y ¡a crear! Otra opción es escribir/dibujar con tiza y luego repasar el dibujo con agua (como si se quisiera borrar).

Un paso más:

Introduce el concepto de «evaporación», el proceso mediante el cual el agua líquida pasa a estado gaseoso. Cuanto más calor hace, más rápido acontece, porque las moléculas de agua empiezan a moverse más rápidamente.

Aprendizajes invisibles

No todo el arte tiene que ser permanente. En esta actividad, el niño trabajará el arte efímero y también podrá introducirse en el conocimiento de la evaporación del agua.

Variaciones:

• ¿Hace sol? Cread sombras y usadlas en vuestros dibujos de agua.
• ¿Llueve? Colocad objetos sobre la superficie de pintar y dejad que la lluvia pinte por vosotros.

¡¡Trucos!!

Esta actividad se puede realizar al aire libre pero también en el balcón o en la terraza de casa, pitando el suelo, las paredes, las macetas, piedras...

Actividades relacionadas

Estados de la materia (pág. 102)
Crear con hielo (pág. 146)

Horno solar

Los rayos del sol son una fuente de energía renovable y económica. Con ellos podemos calentarnos, pero también se genera electricidad.

Materiales

> Caja de zapatos limpia y tijeras
> Papel de film y de aluminio
> Cartulina negra y cinta adhesiva

¡¡Trucos!!

Es importante que la caja sea lo más estanca posible para aseguraros de que el calor no se escape. Podéis usar varias capas de papel de film para cerrar bien la ventana.

Procedimiento:

1. Cortar una ventana en la parte superior de la caja y guardar el cartón sobrante.
2. Tapar la ventana con papel de film, con cuidado de que no queden agujeros, y forrar el interior de la caja con papel de aluminio.
3. En la base, colocar un pedazo de cartulina negra, allí donde irá la comida.
4. Por último, con el cartón sobrante hacer un reflector (como un espejo) forrándolo con papel de aluminio y colocándolo sobre la ventana de forma que refleje el sol hacia el interior del horno. Sujetarlo con cinta adhesiva (y un palo si hace falta).
5. En el interior del horno preparar comidas simples como unas galletas, unas rodajas de manzana con canela o un plátano con chocolate.

Aprendizajes invisibles

Este es un experimento científico y culinario con el que los niños aprenden sobre la energía solar y sus posibles usos al tiempo que ponen a prueba sus habilidades motrices finas y su paciencia al esperar a que el plato esté listo.

Un paso más:

Pon tu horno a prueba. Introduce un termómetro en su interior para estudiar cómo cambia la temperatura. ¿Se te ocurre alguna idea para que se caliente aún más? A lo mejor puedes pintar el exterior de la caja con pintura negra pues este color es el que absorbe más calor. Invita a tu hijo a mejorar/alterar su diseño.

Podéis introducir conceptos como «absorción» o «reflexión» o hablar sobre cómo la energía solar permite generar energía limpia, en contraste con el petróleo. Podéis reflexionar sobre el uso de los coches solares, eléctricos...

Variaciones:

• Podéis usar una lata (bien limpia) y acelerar el proceso semienterrándola en el suelo.

Actividades relacionadas

Cortar frutas: macedonia (pág. 18)

Huellas de animales

El rastreo de animales es fascinante, una ventana hacia el descubrimiento de la fauna salvaje. No es fácil ver según qué animales (¡muchos son nocturnos!) pero, si sois observadores, podréis encontrar los rastros y señales que van dejando por donde pasan: pelos, piel, plumas, excrementos, restos de alimento, madrigueras o huellas... solo hace falta estar atentos. Con esta actividad, os invitamos a preservar las huellas que encontréis creando un molde de yeso.

Materiales

> Envases de plástico o cartón
> Yeso y agua
> Pincel

Procedimiento:

1. Rodear la huella con un envase (al que se le haya cortado la base) o con cartón, y preparar el yeso siguiendo las instrucciones del fabricante. Verterlo con cuidado sobre la huella.
2. Pasado un rato, cuando el yeso esté seco, retirar el molde con cuidado y limpiarlo con el pincel como hacen los arqueólogos.

Aprendizajes invisibles

Con esta actividad el niño establecerá vínculos con la fauna y el entorno que esta habita, al tiempo que desarrollará habilidades de reconocimiento de patrones. También se trabajan diferentes percepciones sensoriales y los principios de la investigación científica.

Un paso más:

Si habéis encontrado una huella, tratad de responder a las seis preguntas del periodismo: ¿qué? (la huella), ¿quién? (identificación), ¿cuándo? (datación), ¿dónde? (rastreo), ¿por qué? y ¿cómo? (interpretación).

Extras: tarjetas tres partes recortables (al final del libro)

¡¡Trucos!!

+ Id a rastrear después de la lluvia, cuando es más fácil encontrar huellas en el barro.
+ Otra opción es dejar algo de comida (para gatos, perros, pájaros...) en un lugar estratégico que hayáis preparado previamente (sobre arena mojada, por ejemplo).

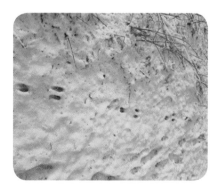
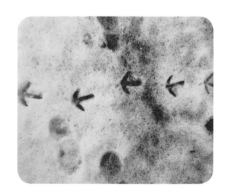

Creaciones con tesoros naturales

Hasta ahora, la mayoría de las actividades que se han propuesto tienen objetivos específicos, pero creemos que es también imprescindible remarcar la importancia de las actividades abiertas, en las que el niño dirige sus propias exploraciones y se expresa libremente.

Hacer y apreciar creaciones artísticas es un gran placer y no se requieren materiales carísimos para ofrecer a tus hijos experiencias de calidad. Os invitamos a crear usando los materiales que encontréis en la naturaleza. No hemos conocido un solo niño al que no le guste llevarse a casa piedras o palos o semillas o ¡todo a la vez! Así que aprovéchalo al máximo.

Materiales

> Tesoros naturales
> Envases y cartones para reciclar
> Materiales artísticos
> Arcilla (para usar como «pegamento»)

Aprendizajes invisibles

Al trabajar con los elementos que la naturaleza ofrece y elementos de reciclaje, este tipo de actividad fomenta la responsabilidad, la conciencia ecológica, la paciencia, la concentración y la creatividad.

Además, las manualidades estimulan la curiosidad innata del niño, el pensamiento crítico y la resolución de problemas, la motricidad fina, la coordinación mano-ojo...

Procedimiento:

1. Recoger tesoros naturales (véase página 122, actividad «Coleccionar, organizar y clasificar tesoros naturales. Juego libre»).

2. De forma natural, los niños gravitan hacia las actividades que ofrecen diferentes estímulos sensoriales, haciendo conjeturas y testando los límites de los materiales. Su imaginación no les limita, más bien todo lo contrario: una piedra puede convertirse en un escarabajo, y un pétalo, en una mariposa. Deja los materiales a su alcance y observa cómo tu hijo los explora.

3. Como adulto, tienes una doble función: la de facilitador y la de catalizador. Como facilitadora crearás un ambiente en que tu hijo pueda florecer, es decir, actuar de forma autónoma. Como catalizadora puedes crear pequeñas invitaciones para inspirar a tu hijo, que pueden tomar la forma del «producto final» (por ejemplo, decorar una piedra y dejarla sobre la mesa junto a todos los materiales necesarios para seguir la actividad) o simplemente ordenar y presentar unos materiales de manera atractiva. Si guardas todos los cilindros de cartón del papel higiénico en un cesto en el baño, es posible que tu hijo no piense en ellos, pero si los colocas en la mesa, junto a unos pocos tesoros naturales y materiales artísticos básicos, le estarás invitando a dejar fluir su creatividad.

¡¡Trucos!!

+ Aviso: generalmente las manualidades creativas ensucian. Ensucian MUCHO. Antes de empezar, pregúntate si en estos momentos tienes predisposición para ello. Hay momentos en que no nos vemos capaces de limpiar y ordenar tras un terremoto emocional, momentos en que pesa demasiado. Entonces es mejor abrazar nuestro sentir y dirigirnos hacia otro tipo de actividades. O también puedes recordarte que vas a ofrecerle a tu hijo una gran experiencia y que sí, luego tocará limpiar pintura hasta del techo, pero este pequeño gran regalo es más importante en ese momento.

+ Los niños pueden implicarse también en la limpieza y formar parte de la actividad en sí, siempre y cuando se haga desde el respeto y no desde la coerción. Lo más fácil es preparar bien el espacio antes de empezar, pues los pequeños están mucho más colaborativos al inicio, ante la perspectiva de pasarlo bien, más que al final, cuando su cuerpo ya les pide pasar a otra cosa.

+ Siempre es buena idea designar un espacio específico para las actividades que impliquen pintura u otros materiales de los que ensucian. Si tenéis la suerte de vivir en una casa grande, podéis dedicar una habitación entera al estilo *atelier* Closlieu de Stern, pero si no os sobra el espacio, una simple bandeja puede usarse como zona de trabajo.

+ Menos es más, también cuando hablamos de materiales creativos. En casa preferimos apostar por materiales de calidad y tener unos pocos a los que cuidamos y apreciamos mucho.

Variaciones:

- ¡Lleva la actividad al aire libre! La naturaleza te hará conectar con tu yo más ancestral. Las actividades creativas en el entorno natural son muy absorbentes y ofrecen un espacio único en el que explorar y expresarse de una forma que sería imposible en otros entornos.
  - Caras en los árboles (¿hablamos de emociones?).
  - Murales en el suelo (cambio de perspectiva).
  - Mandalas (creación de patrones).

Estudiar los invertebrados (fabricar un aspirador)

¿Sabías que los invertebrados representan el 95 % de todas las especies animales? La mayoría son muy pequeños, pero desempeñan funciones vitales como el reciclaje de nutrientes (al descomponer los seres vivos que mueren) o el filtrado de las aguas. Por eso es muy importante que siempre haya espacio para ellos. El estudio de los invertebrados presentes en un lugar concreto ofrece una información valiosísima sobre el entorno.

Materiales

> Envase de plástico transparente (¡bien limpio!) con tapa
> Dos pajitas o dos tubos de goma (20 cm de largo)
> Plastilina o Blue Tack
> Cinta aislante
> Un trocito de gasa o de media
> Tijeras o barrina
> Lupa

¡¡Trucos!!

+ Para que el aspirador sea efectivo hace falta sellar bien las uniones entre el tarro y la pajita. De este modo se crea un vacío parcial dentro del tarro y el animal es recolectado. Usad tanta plastilina o Blue Tack como sea necesario.
+ Si las pajitas son demasiado largas, cortadlas a una medida que os resulte práctica.
+ Si os cuesta encontrar invertebrados, pensad dónde pueden alimentarse. Las flores en primavera son siempre un lugar muy poblado. También podéis dejar unas migajas y esperar a que vengan hormigas u otros artrópodos.

Procedimiento:

1. Para fabricar el aspirador (conocido vulgarmente como «chupóptero») y poder recolectar pequeños invertebrados sin lastimarlos, con las tijeras o la barrena hacer dos agujeros opuestos en el tarro, a media altura. El diámetro debe ser suficientemente grande para poder pasar la pajita.
2. Introducir una pajita por cada agujero, usando plastilina o Blue Tack para que la unión quede bien sellada.
3. Abrir el tarro y tapar el extremo interior de una de las pajitas con la gasa (sujetándola con cinta aislante).
4. Marcar el otro extremo (el exterior) de la misma pajita también con cinta aislante. Este será el extremo para aspirar y la pajita sin cinta será la que se pondrá cerca del animal.
5. Cuando se encuentre un pequeño invertebrado que queráis estudiar, acercar el extremo NO marcado al animal y aspirar por la otra pajita (la marcada con cinta). ¡La gasa evitará que el pequeño animal acabe en la boca! Una vez dentro del tarro se podrá estudiar con cuidado para poder luego devolverlo al lugar en que se encontró.

Aprendizajes invisibles

Con esta actividad despertaremos a todos los pequeños naturalistas que se esconden en nuestro interior. Conocer mejor a los animales nos ayuda a estrechar lazos con la naturaleza.

Además, para manipular los animales sin lastimarlos hace falta trabajar la motricidad fina y gruesa y desarrollar la coordinación mano-ojo (¡y boca para aspirar!).

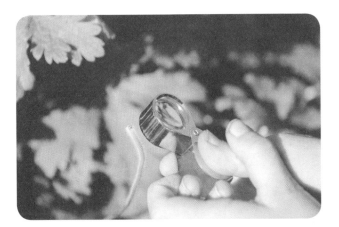

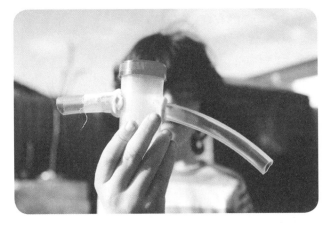

Un paso más:

Usad lupas para estudiar los pequeños animales en detalle. A veces os encontraréis con animales más grandes como gusanos o miriápodos. Estudiarlos depositándolos con cuidado sobre un espejo es siempre fascinante.

Variaciones:

- Usa un tarro de cristal si creéis que estará seguro en las manos de tu pequeño. En este caso, los agujeros se deben realizar en la tapa metálica.

Actividades relacionadas

Cuaderno de campo (pág. 136)
Extras: guía de identificación de invertebrados

El muestreo es una práctica muy habitual en el estudio de ecosistemas. Consiste en estudiar un grupo reducido de individuos (muestra) para hacerse una idea de cómo es la población total. Hay muchas formas de realizar muestreos, pero os proponemos usar una versión simplificada del método de las parcelas o *quadrats* (cuadrantes). Delimita un cuadrado de terreno usando cuatro palos y estudia todo lo que encuentres dentro de este.

Podéis descargaros la guía de identificación de invertebrados en la web de extras para poder poner nombre a estos animales tan curiosos.

También podéis documentar vuestros encuentros en el cuaderno de campo.

Visor subacuático

Los niños sienten una atracción irresistible hacia el agua: es fascinante, por lo que querrá tocarla, sentirla en las manos, en la piel, explorar sus propiedades. Con un visor subacuático podréis ir un paso más lejos y explorar lo que se esconde debajo del agua.

Materiales

> Botella de plástico transparente
> Tijeras
> Papel de lija o cinta aislante

Procedimiento:

1. Cortar una ventana en el cuerpo de la botella y usar el papel de lija para pulir el borde. También se puede cubrir el borde con cinta aislante.
2. Acercarse al río, la playa, un lago o incluso un charco, e investigar.

Aprendizajes invisibles

Jugar con agua fomenta el desarrollo cognitivo, lo que ayuda a los niños a dar sentido al mundo que les rodea, pues de esta forma asimilan nuevas informaciones, que ampliarán y refinarán sus mapas mentales. Cualquier actividad que implica agua implica también estimulación sensorial y refinamiento motor. Además, mirar bajo el agua acerca al niño a la flora y la fauna subacuáticas.

El visor permite ver una superficie pequeña, lo que invita al desarrollo de las habilidades de observación. Seguro que descubrís criaturas minúsculas.

Por último, el juego en el agua promueve el trabajo en la resolución de problemas al tiempo que ayuda en el desarrollo de conceptos matemáticos y científicos.

Variaciones:

• Si no tenéis una botella transparente, podéis usar una lata o cualquier otro envase. Tendréis que abrirlo de forma que quede solo el cilindro y tapar un extremo con papel de film. Para sujetar el papel de film a la lata podéis usar cinta aislante o alguna goma fuerte.

¡¡Trucos!!
Esta actividad es perfecta para llevarla a cabo durante los meses de verano, en los que las visitas a la playa y el río son imprescindibles.

Lectoescritura en el medio natural

La naturaleza nos ofrece numerosas oportunidades para practicar la lectoescritura. Solo hace falta que observes detenidamente a tu hijo y ofrecerle alguna de las siguientes propuestas cuando creas que siente interés por el lenguaje.

Materiales

> Lo que encuentres en el entorno natural

Procedimiento:

En casa nos encanta jugar a juegos del tipo: «Busca algo que empiece/contenga/acabe con la letra...». Para hacer la actividad más completa, sugerimos las siguientes propuestas:

- Escribir sobre arena, tierra o barro con los dedos o con un palo.
- Escribir con arena seca sobre arena mojada.
- Escribir con palos, piedras, hojas, flores...
- Escribir sobre piedras/rocas usando otra piedra.

Un paso más:

Se habla mucho del hábito de lectura y de la importancia de incorporarlo en nuestras rutinas. En su lugar, preferimos hablar de gusto o placer por la lectura. Mi objetivo a largo plazo no es que mis hijos usen la lectura y la escritura como una mera herramienta que les abra la puerta a nuevos conocimientos, sino que realmente gocen leyendo y escribiendo y sigan haciéndolo por puro placer, no por obligación/necesidad. Para lograrlo, prefiero olvidarme de los hábitos y las obligaciones y centrarme en incorporar la escritura de forma atractiva. Improvisar con lo que podamos encontrar en nuestros paseos y escapadas es siempre divertido.

Actividades relacionadas

Letras rugosas (pág. 60)
Alfabeto móvil (pág. 65)
Primeras palabras (pág. 68)

Aprendizajes invisibles

Para poder adentrarse en el mundo de la lectura y la escritura, tu hijo necesita tener un gran conocimiento del mundo que le rodea y ser capaz de utilizar su lenguaje propio para extraer significados. Con esta actividad, el niño aprovecha la cantidad de estímulos multisensoriales que ofrece la naturaleza para dar sentido a su mundo. Al conversar, dialogar, nombrar nuevo vocabulario y presentar letras y sonidos estás ayudando a tu hijo a desarrollar las habilidades básicas para dominar la lectoescritura.

¡¡Trucos!!

- Las iniciales del nombre del niño y de los de su familia más cercana siempre son una buena elección para empezar. La letra impresa solo tiene valor si transmite un significado y relacionar la letra con una persona siempre ayuda.
- Recuerda que debes trabajar cómo «suenan» las letras, por lo que, cuando abordes las letras, en lugar de usar sus nombres (ese para la s) emplea su sonido (ssss).

Instrumentos naturales

«Nada puede tocarnos como lo hace la música. No podemos ofrecer a nuestros hijos un regalo mejor que abrir esta puerta para ellos.»

Maria Montessori

Seguir el ritmo de una canción, jugar a repetir patrones, bailar al tiempo que se tocan los instrumentos, explorar los conceptos lento y rápido, flojo y fuerte... ¡No hay forma equivocada!

La fabricación de instrumentos puede ser tan simple como usar dos palos a modo de baquetas de batería, o un poco más complicada, aunque igual o más divertida, si os animáis a experimentar en el uso de las herramientas.

Materiales

> Elementos naturales (¡palos en forma de Y!)
> Envases y cartones para reciclar
> Cordel
> Tijeras
> Gomas
> Pegamento
> Barrena/taladro
> Sierra de marquetería
> Martillo y clavo grueso
> Puntas
> Conchas, chapas de botella, nueces, cascabeles...

Introducción al uso de herramientas:

Aprender a usar herramientas ofrecerá momentos de autorrealización a grandes y pequeños. Desde aquí os animamos a darles una oportunidad. Los siguientes proyectos son perfectos para empezar porque el riesgo es mínimo si se siguen unas medidas de seguridad básicas.

- Antes de empezar, busca un espacio adecuado: puede ser una tabla de cortar o un trozo de madera (que no te importe estropear) sobre un taburete estable.
- No dejaremos nunca a nuestros hijos solos con las herramientas hasta que no estemos totalmente seguros de que harán un uso adecuado y responsable. Este momento llegará antes o después en función del niño.

- Deberás respetar la burbuja de seguridad. Sobre todo, si tienes más de un hijo, tendrás que explicarles que siempre debe haber una burbuja alrededor de la persona que usa la herramienta. Esta burbuja es un espacio en el que nadie puede entrar. Para ello, estira el brazo y muévelo a tu alrededor (¡sin herramientas en la mano!) para mostrar el espacio que debe estar libre.
- Para ayudar a tu hijo a respetar la burbuja de seguridad, colócate detrás de él, en el lado de la mano con la que NO usa la herramienta (lado izquierdo si es diestro).
- Si usas guantes, hazlo únicamente en la mano de soporte, nunca en la mano con la que agarras y usas la herramienta.

Aprendizajes invisibles

La música activa numerosas áreas del cerebro, relacionadas con el lenguaje, la memoria, la audición, la emoción, las habilidades sociales o la cognición (procesamiento de información sensorial)… e incluso cambia la estructura de este.

La educación del oído prepara al niño para la adquisición de competencias lingüísticas y, además, la educación musical ayuda a su cuerpo y mente a trabajar juntos, lo que le permite practicar la coordinación, las habilidades motrices y la expresión de su yo más auténtico.

Mediante el uso de herramientas no solo se practica la motricidad fina, la resistencia física, la coordinación mano-ojo, la creatividad y la resolución de problemas, también tiene un gran impacto emocional. Cuando el niño aprende a usar herramientas (de forma adecuada para su estado de madurez) experimenta un gran gozo que incrementa su confianza en sí mismo, su autonomía y su autoestima. Además, aprende el valor de los procesos manuales y entiende mejor el origen de los objetos que le rodean.

Procedimiento:

Maracas:

1. Las maracas pueden hacerse con palos simples o palos en forma de Y. Como elemento sonoro podéis usar lapas y otros tesoros marinos, chapas de botella, bellotas, castañas, cascabeles, ¡lo que se os ocurra!

2. Si queréis hacer agujeros en lapas o pechinas, podéis usar un martillo y un clavo grueso (protege siempre la superficie de trabajo).

3. Con los palos simples, usaremos puntas/clavos finos y martillo para clavar los elementos sonoros. /Para los palos en forma de Y, usa cordel o alambre para colgar los elementos sonoros entre los brazos de la Y.

Güiro:

4. Rasca con un palo sobre las ondulaciones de una lata y ¡listo!

Tambor:

5. Con un globo, cubre la apertura de una lata y sujétalo con una goma o un poco de washi tape.

Carillón de viento:

6. Para colgarlo en el exterior o para tocar con un palo-baqueta. Sierra, corta o busca palos que hagan una «escalera de tamaño» y cuélgalos de otro palo. Para hacer los agujeros podéis usar una barrena o el taladro y luego aguja e hilo para colgarlos.

Castañuelas:

7. Recortad dos tiras de cartón de unos 15 cm de largo y 2 cm de grosor. Pegad una chapa/lapa/elemento sonoro en cada extremo.

8. Doblad el cartón por la mitad para que los elementos sonoros choquen.

Maracas

¡¡Trucos!!

+ No hace falta crear grandes instrumentos, generalmente lo más simple es lo que funciona mejor. No dejéis de probar piedras o palos como instrumentos de percusión.

+ Si vais a usar latas, podéis aplastar el reborde de la apertura o cubrirlo con cinta aislante para evitar cortes.

+ Si usáis chapas de botella, podéis aplastarlas primero con el martillo hasta que queden planas.

+ Si usáis alambre, podéis cubrir el extremo con cinta aislante o aplastarlo bien (con alicates o martillo) para evitar pinchazos.

Güiro

Tambor

Carrillón de viento

Castañuelas

Guitarra de una cuerda:

9. Necesitarás una lata, hilo de pescar (o alambre fino o cuerda de guitarra), una arandela o clip, un palo corto y un palo en forma de Y de un tamaño adecuado para que los brazos de la Y quepan en una lata.

a. Usando una barrena haz un agujero en la base de la lata.

b. Ata un extremo del hilo de pescar en el clip o arandela y pasa el otro extremo por el agujero, hacia dentro de la lata.

c. Coloca los dos brazos del palo en forma de Y dentro de la lata y ata el otro extremo del hilo donde se unen los brazos de la Y con el tronco. Ata tan fuerte como sea posible. Usamos el palo corto para tensar bien el hilo. Si se balancea, puedes clavarlo con un clavo o punta.

Un paso más:

Una vez tengáis unos instrumentos improvisados, ¡usadlos! No solo para hacer «actividades musicales», también para acompañar otras: llevar el ritmo de vuestros pasos (e ir acelerándolo hasta acabar corriendo o ralentizarlo hasta acabar quietos), para marcar las sílabas de las palabras (ca-mi-no), para contar, para conversar (tú das un golpe/sonido y el niño lo repite, das dos y el niño repite...) o para inventar y ambientar un cuento con ellos.

Todos los instrumentos se pueden decorar al gusto: con pinturas, con washi tape de colores, enrollándolos con hilo...

Actividades relacionadas
Música Montessori, otro lenguaje (pág. 64)

Guitarra de una cuerda

Hacer lápices

Nuestras manos son una herramienta única dentro del mundo animal. El pulgar oponible ha representado una gran ventaja evolutiva y nos permite acciones como sostener un lápiz. Puede que sea por la presión evolutiva, puede que por atracción hacia las letras, los símbolos y el lenguaje gráfico en general, o puede que sea por pura curiosidad, pero a los niños les encanta (pre)escribir y dibujar, así que ¿por qué no invitarlos a hacer sus propios utensilios de escritura?

Materiales

> Tijeras de podar pequeñas
> Trozos de rama/palitos de aprox. 1 cm de diámetro
> Lata con tapa metálica
> Tarrina o sacacorchos
> Opcional: pelador de patatas
> Cuchillo/navaja
> Ramas huecas (saúco, bambú) o ramas de 2 cm de diámetro
> Opcional: piqueta o palito para vaciar ramas
> Fuego/barbacoa
> Cordel

Aprendizajes invisibles

Esta es una actividad ancestral que resulta ideal para introducir el concepto de combustión y qué ocurre cuando no hay oxígeno dentro de la lata (pirólisis), y para aprender sobre la prehistoria, las carboneras, los diferentes usos de los árboles...

Durante la fabricación y la utilización de los lápices se trabajan las habilidades motrices finas y la coordinación mano-ojo y aún no he conocido nunca a un niño (o adulto) a quien no le fascine el fuego. Es una actividad para crear memorias.

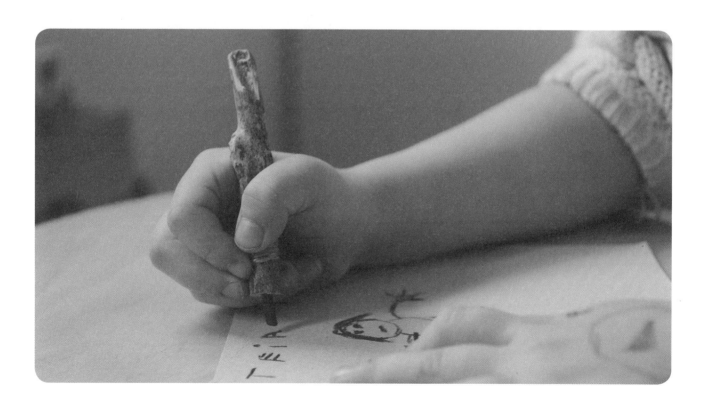

Procedimiento:

1. Para fabricar carboncillo (la mina del lápiz), cortar ramas de aproximadamente 1 cm de diámetro y entre 15 y 20 cm de largo (o lo que quepa en la lata, después se encogen). Se pueden usar palitos que se encuentren por el suelo y si se desea obtener un carboncillo de lo más uniforme, se puede pelar la corteza (con un /pelador de patatas o un cuchillo en función de la edad del niño). Esto es más fácil si se usan ramas verdes (acabadas de cortar).

2. Con la barrena, hacer un par de agujeros en la tapa de la lata.

3. Colocar los palitos dentro, tapar la lata e introducirla dentro del fuego.

4. En unos minutos empezará a salir humo por los agujeros. Seguir alimentando el fuego hasta que deje de salir humo. Entonces retirar la lata (cuidado: ¡quema!) y esperar a que se enfríe, y poder extraer los carboncillos.

Un paso más:

Si os parece apropiado, podéis introducir los conceptos de combustión y pirolisis. Para que la combustión se produzca, necesitáis combustible (la madera), oxígeno y energía de activación (la cerilla o el pedernal) y obtendréis como resultado luz y calor (las llamas). Pero dentro de la lata casi no hay oxígeno, así que los troncos se descomponen sin llegar a quemarse (pirolisis).

También podéis decorar las ramas que harán de soporte/ cubierta exterior haciendo marcas con un pequeño punzón.

Variaciones:

- El carboncillo se puede machacar en un mortero y convertirse en pintura corporal, de esa que cuesta dos o tres baños retirar porque se esconde tras las orejas, en los tobillos... pero que crea recuerdos para toda la vida. Un poco de carbón y un poco de barro y ¡a camuflarse! (si primero usáis crema hidratante, será mucho más fácil lavarse luego).

5. Ahora hay diferentes opciones para hacer soportes para los carboncillos:

a. Si hay ramas huecas o fáciles de vaciar (usando por ejemplo una piqueta de camping para vaciar una rama de saúco), solo habrá que colocar el carboncillo dentro del agujero (si se dispone de taladro, también se pueden hacer agujeros en ramas macizas).

b. Si hay ramas macizas, colocar el cuchillo para partir uno de los extremos por la mitad y, con la ayuda de otro palo, golpear el cuchillo de forma que solo se corten 2 o 3 cm. Ahora se podrá abrir un poco el agujero, colocar el carboncillo dentro y sujetarlo fuerte con cordel.

c. También se pueden usar los carboncillos tal cual o envolver un extremo con un pedazo de tela sujeto con cordel.

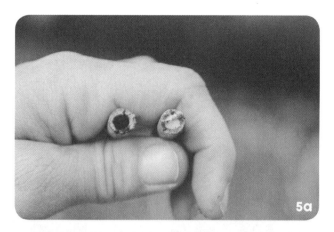

5a

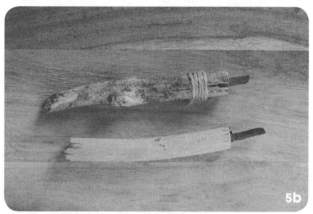

5b

¡¡Trucos!!

+ Si al abrir la lata aún os quedan trozos de tronco marrones, tapadla de nuevo y dejadla un rato más en el fuego.

+ Si no queréis acabar pintados de cabeza a pies, tened preparada una superficie sobre la que escribir (tela o papel) y probar los lápices.

+ Si no tienes acceso fácil a una barbacoa o un lugar donde encender un fuego, no pasa nada: quédate con la idea y el día que disfrutéis de un fuego, siempre podréis recoger los restos de madera carbonizada que queden al apagarlo y experimentar con ellos.

Actividades relacionadas

Pintar con colores y pinceles naturales (pág. 148)
La ciencia del fuego (pág. 110)

CONCLUSIONES

> «Solo mediante la libertad y la
> experiencia en nuestro entorno es
> posible que se produzca el desarrollo
> humano.»
>
> Maria Montessori,
> *La mente absorbente*

Al principio, cuando nos planteamos escribir un libro de actividades, no lo veíamos muy claro. Sentíamos que, demasiado a menudo, nos centramos en el hacer en lugar de en ser, es decir, nos centramos demasiado en el producto final. No queríamos que las actividades de nuestro libro pasaran a engrosar tu (probablemente ya demasiado extensa) lista de tareas pendientes. Por ello, hemos intentado transmitirte que el aprendizaje se esconde en todas partes, incluso en las actividades que a priori pueden parecer más sencillas. Nos gustaría que, en lugar de planear y planificar, te dejaras llevar y, de la mano de tu hijo, redescubras un mundo nuevo lleno de posibilidades.

Decidimos que fueran actividades para disfrutar y conectar en familia, no orientadas a una edad concreta por este mismo motivo. Todos podemos participar, todos somos parte y todos podemos contribuir. Si hay hermanos mayores, quizá pueda apetecerles preparar este tipo de actividades para su familia. Son ideales como tiempo especial de conexión después de una reunión familiar o pueden ser parte de vuestras tradiciones familiares, en Pascua o Adviento, de vuestras vacaciones y/o excursiones. El aprendizaje está en todas las situaciones y en todos los lugares, y siempre hay algo nuevo que aprender. La Educación Cósmica nunca termina, siempre queda algo nuevo por investigar, por descubrir. Nosotras mismas hemos aprendido mucho escribiendo este libro y esperamos que tú también, pero, sobre todo, deseamos que descubras que tu mejor maestro lo tienes ya a tu lado: ¡sigue a tu hijo! Gracias por todo el tiempo, el esfuerzo y la ilusión que estás invirtiendo en construir los recuerdos de tus hijos e hijas.

Recordad que tenéis todos los imprimibles extras en la web: **<montessorizate.es/extras>**.

Usad la contraseña GRACIAS.

> «El niño que ha experimentado un amor
> extremo por su entorno y por todas las
> criaturas vivientes, que ha descubierto
> gozo y entusiasmo en el trabajo, nos
> da razón para creer que la humanidad
> puede desenvolverse en una nueva
> dirección.»
>
> Maria Montessori,
> *Educación y paz*

RECORTABLES

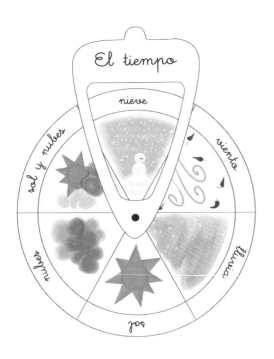

Rueda del tiempo

Instrucciones para la rueda del tiempo: recortar la rueda y el dial y agujerear el círculo negro para poder pasar un *fastener*. En la web de extras también podéis descargaros la rueda en blanco para hacer vuestros propios dibujos.

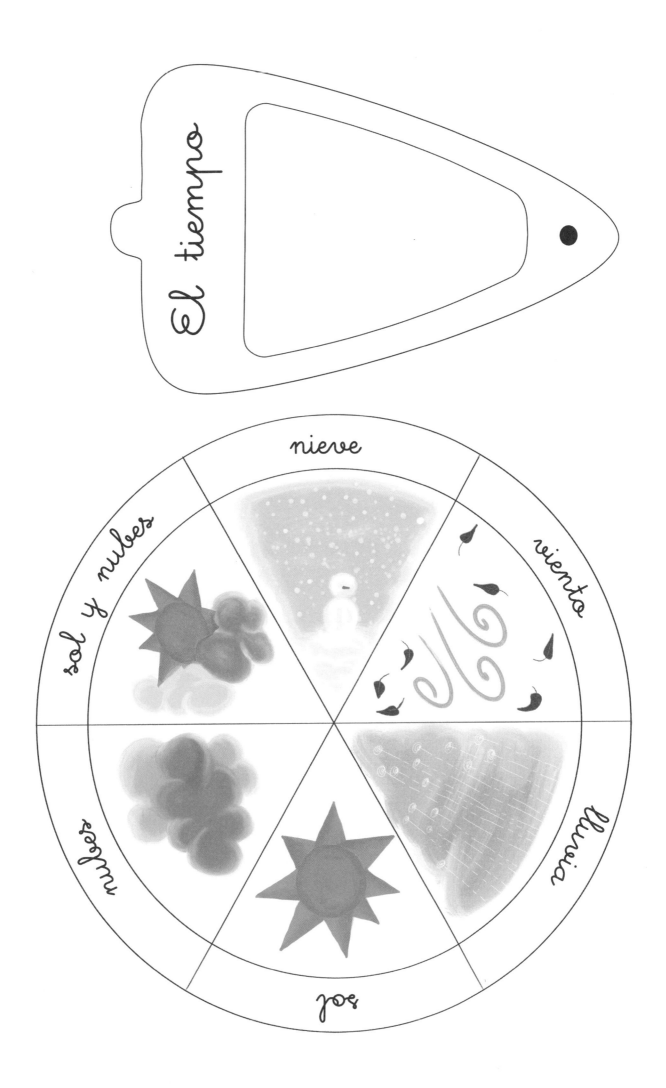

El tiempo

nieve

sol y nubes

viento

nubes

lluvia

sol

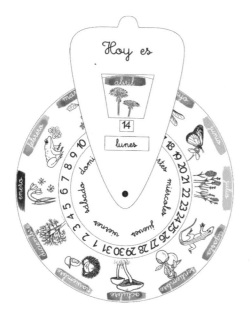

● Calendario perpetuo

Recortar las tres ruedas y el dial y agujerear el círculo negro para poder pasar un *fastener*. Coger el *fastener* y ensartar el dial, la rueda pequeña (días de la semana), la mediana (números) y la grande (meses). Por último, cerrar el *fastener*. Podéis colgar vuestro calendario sujetando el dial a la pared (así podréis girar las tres ruedas).

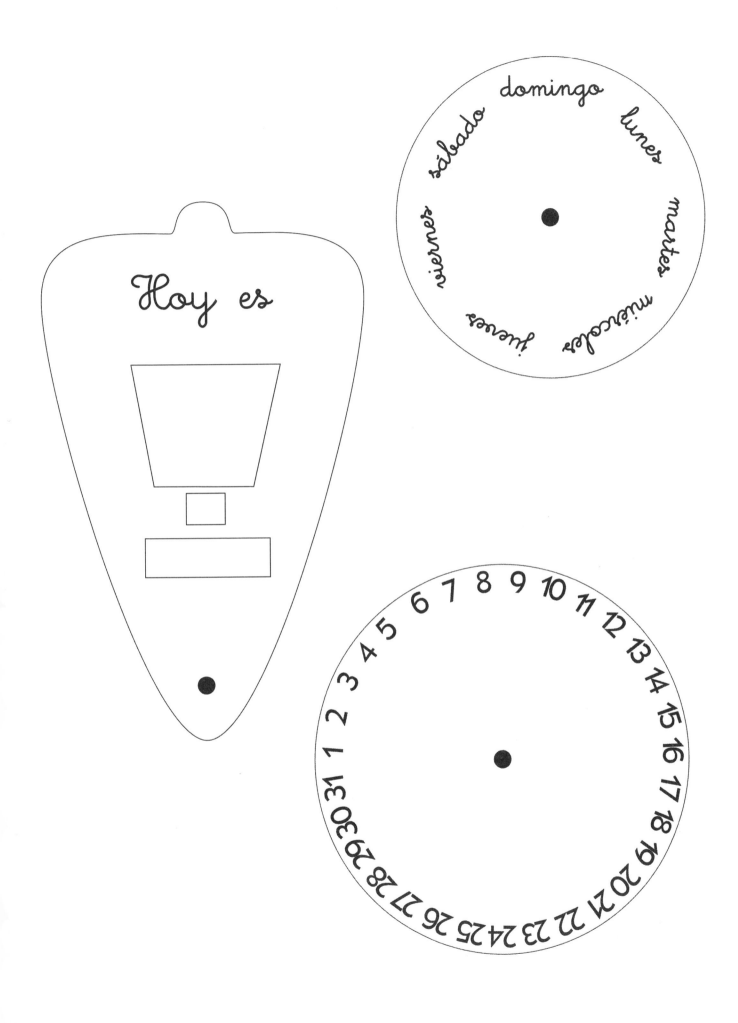

paloma

urraca

paloma

urraca

gorrión

cigüeña

gorrión

cigüeña

estornino

petirrojo

estornino

petirrojo

hembra

macho

mirlo

jilguero

hembra

macho

mirlo

jilguero

- **Tarjetas tres partes: árboles**

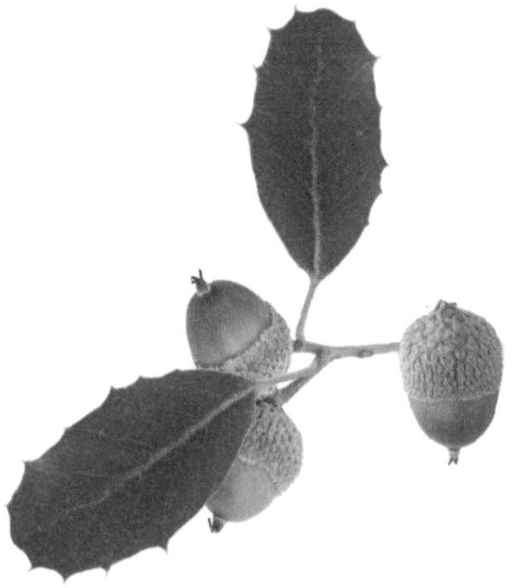

encina

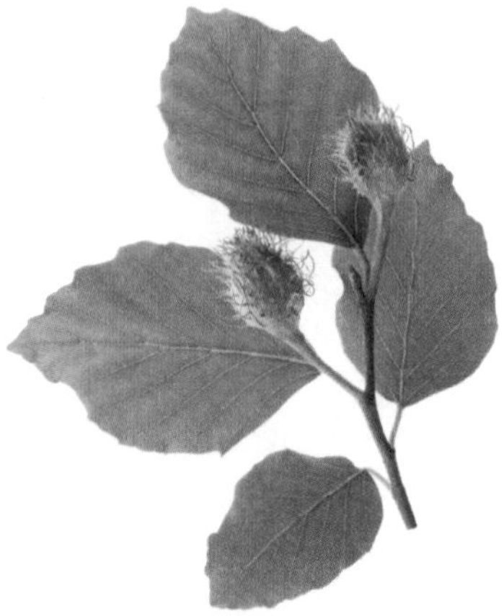

haya

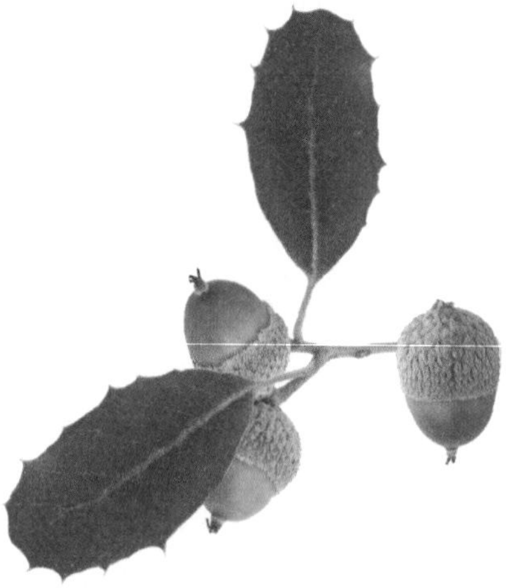

encina

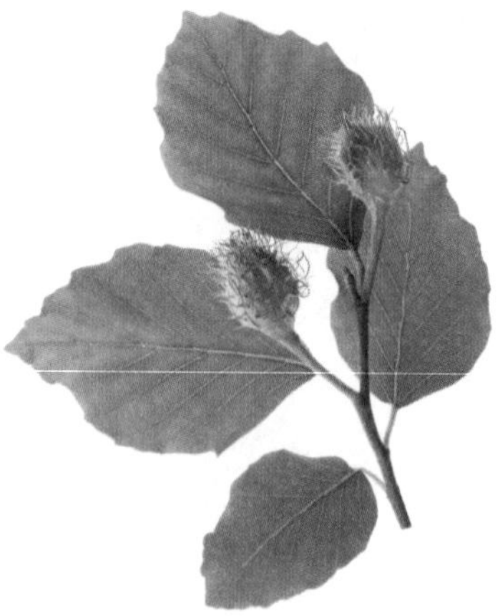

haya

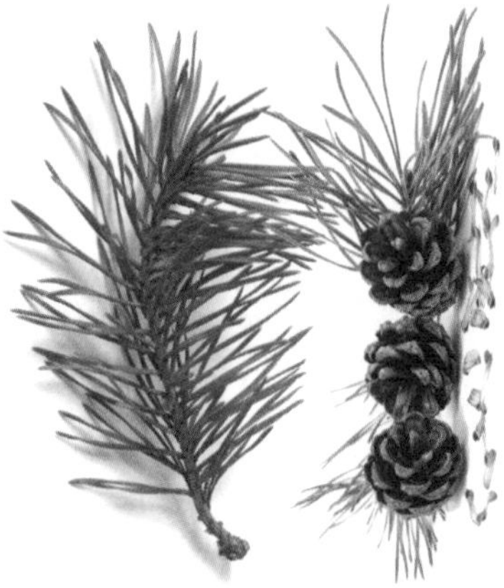

pino

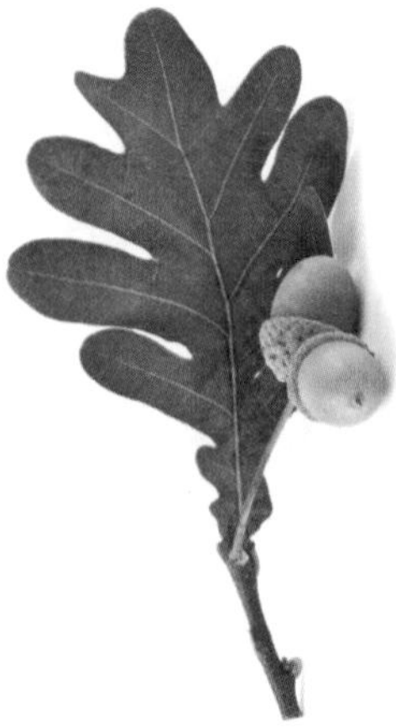

roble

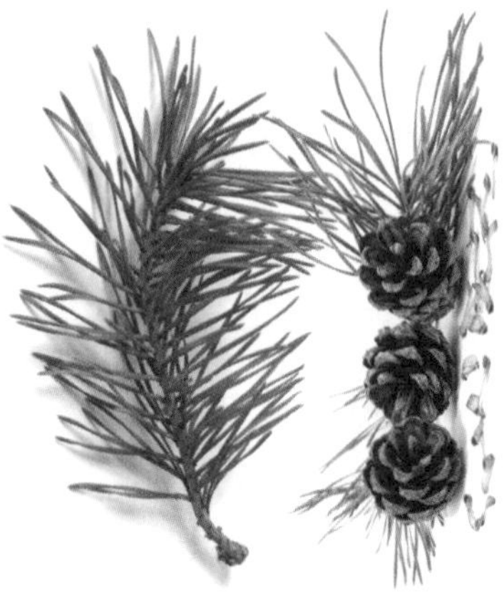

pino

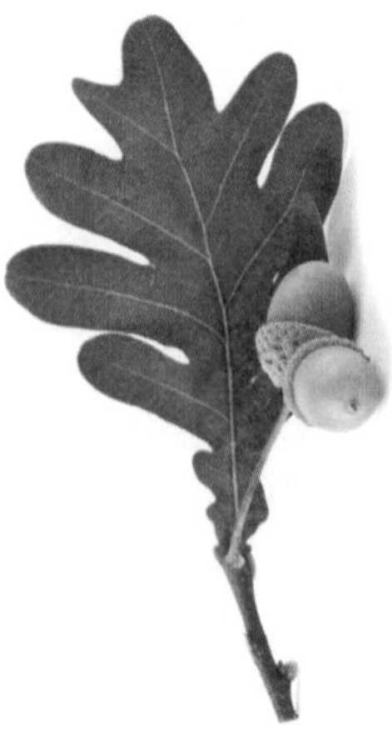

roble

castaño

castaño

eucalipto

eucalipto

chopo

chopo

sabinas
enebros

sabinas
enebros

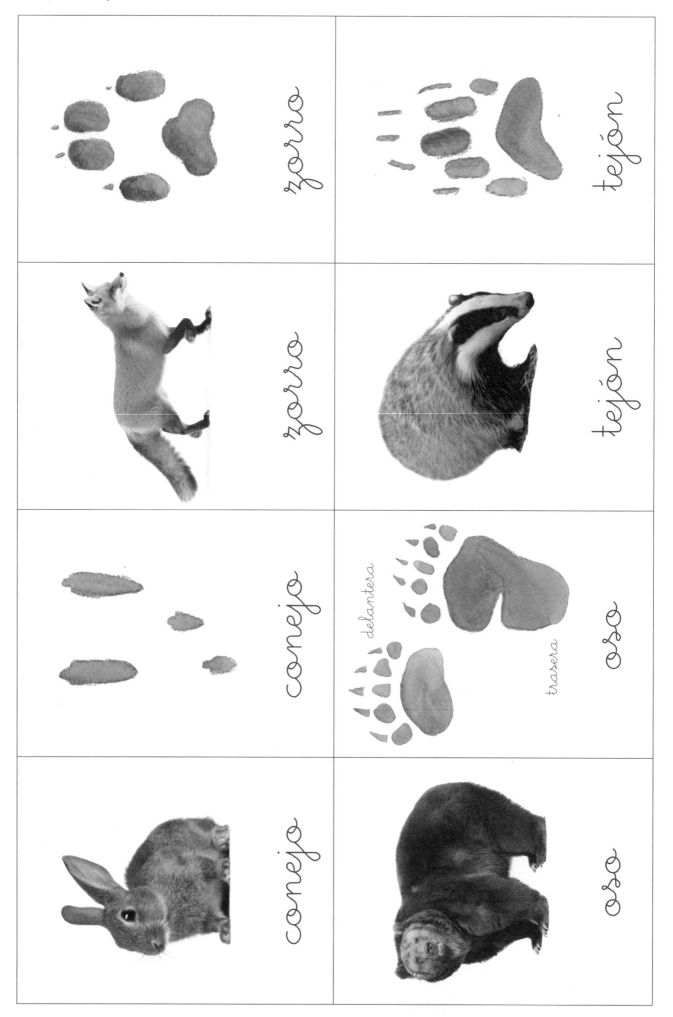

zorro

tejón

zorro

tejón

conejo

delantera

trasera

oso

conejo

oso

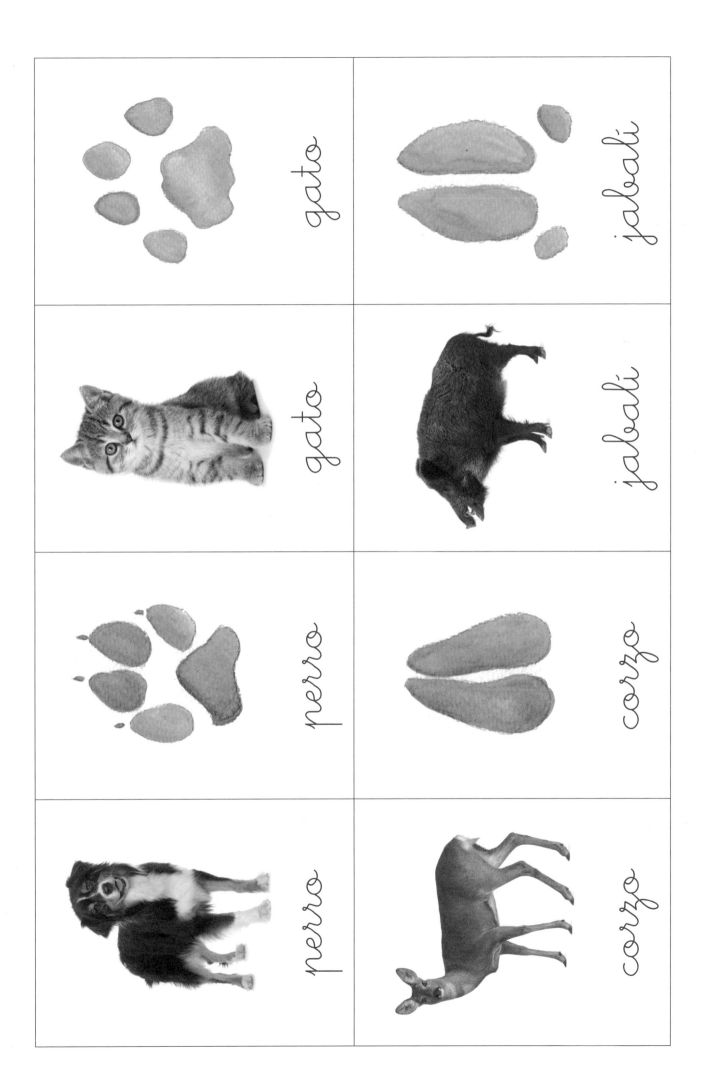

gato

jabalí

gato

jabalí

perro

corzo

perro

corzo